大怪路子
实战技巧

李文壅 单霞丽 吴刚 著

上海文化出版社

路子校校正

牌类运动在我们日常生活中随处可见，不仅有专业竞技的属性，更是人们茶余饭后休闲放松、丰富精神文化生活的一个非常好的方式。我非常开心地看到《大怪路子实战技巧》这本书的出版，说起来，我与这项运动、与这本书也是颇有渊源的。本书作者李文雍、单霞丽是我的弟子，吴刚也与我相识多年。

李文雍是一位在多个商业领域均有一定建树的企业家，我与李文雍结缘于 2005 年，偶然的机会他拜我为师，他对象棋的执着、天赋，使他成为业余领域的高手。难能可贵的是，他对体育运动，特别是棋牌类运动情有独钟，无论在象棋、围棋还是休闲棋牌领域都投入了大量的精力、物力，大大地促进了智力运动的发展，这点让我十分感动。

单霞丽很早就拜入我的门下，她在专业领域里取得了非常优异的成绩，1980 年就成为全国女子象棋冠军。非常让我佩服的是，她根据大局需要，毅然从台前转到幕后，从事教练、人才培养、行政管理的工作，并取得了非常不错的成绩。作为老师，我非常欣慰。

大怪路子是上海地区特有的一种牌类运动，也被称为"上海桥牌"，因为桥牌的"桥"就是"路子"。20 世纪 60 年代，上海地区盛行大怪路子，爱好者会在弄堂里纳凉时支起桌子，在路灯下三对三打大怪路子，周围往往会聚集起里三层外三层的围观者，这也是上海弄堂的独特风景线。有时牌搭子凑不齐，也会打二对二的中怪路子。经过多年来的发展，大怪路子已经成为一项广受追捧的休闲棋牌项目。2014年，在李文雄的大力支持下，"九城置业杯"大怪路子大奖赛应运而生。之前，大怪路子在上海不同区县的规则都是不同的，因此我重新梳理并完善统一了规则，推出了"胡氏规则"，在兼顾娱乐性的同时，提高了竞技性。其中最大的改变就是将进贡改为了计分，更适合举办赛事。同时在决赛阶段进行六人对六人的复式打法，减少发牌随机性对比赛的影响，更加注重展现参赛选手的牌技。

大怪路子这项牌类运动承载了我们这一代上海人的青春记忆，现在有越来越多的年轻人也喜欢上了打大怪路子，这不仅仅让我看到了这项运动的发展前景，更让我珍惜的是对海派文化的传承。大怪路子是一项集体运动，在培养默契的同时也要包容搭档的错误，体现了海纳百川、有容乃大的海派文化精神，这是非常重要且非常有意义的。我也希望这本书能够担负一部分的传播传承海派文化的作用。

在牌类运动中，大怪路子相互配合的人数是最多的，需要三个搭档相互配合，同时大怪路子的变化也是非常复杂的。三个搭档在变化繁多的局面下，如何根据牌局发展随机应变，打对"路子"，获取最后的胜利，这不仅仅考验每个牌手的牌技，更考验搭档间的默契，这也是大怪路子长久以来仍然保持魅力的秘密所在。

打大怪路子，必须要清楚"路子"是什么。大怪路子里，一手牌可以是"一路""二路""三路"，还有"五路"。每个牌手在拿到自己的二十七张牌后，首先要清楚自己的"路子"，在牌局发展中明确知道自己的定位，在启动前先把自己的牌打成"整手牌"，告诉搭档自己的"路子"，这也就是我们常说的"路子校校正"；其次，要根据搭档出牌透露的信息推测搭档是什么"路子",俗话说得好,"上家笃笃、下家出血",怎么配合搭档打"路子"也很重要;最后还要通过出牌的信息推断出对手的"路子",这样才能打出精彩的牌局。因此,"路子一定要清爽"。

《大怪路子实战技巧》是第一本专门研究大怪路子的著作,书中记录了丰富的牌局,讲解了众多出牌方法、策略等,希望能给读者和大怪路子爱好者提供一些打牌的思路。每个人的性格决定了每个人的打法,有些人牌风稳重,有的乐于做"急先锋",但无论是什么风格,无论怎么打,都要懂得"路子"、打出"路子",就怕"路子"不对、"路子"不清,看出"路子"打"总筋",这才是高手。

兵无常势,水无常形。我们不能完全照搬书中的一些理论、技巧,更需要结合牌局发展、搭档特点等因素进行实践,这样才能不断地提高牌技,从而感悟这项运动的魅力。无论打牌还是日常生活,都是有"路子"的,希望各位读者通过大怪路子这项运动,从中有所领悟,在生活中有所收获。最后也真诚地希望大家提出宝贵的意见,让我们共同传承海派文化,共同推动大怪路子的普及发展,为这项运动注入新的生机和活力。

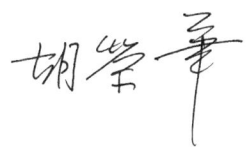

2019 年 12 月 13 日,于上海棋院

目 录

基本规则 /1

"大怪路子"的基本涵义 /1

比赛人员、比赛用具及比赛顺序 /2

牌型及大小 /3

合理的问牌和回答 /6

比赛形式及计分方法 /8

攻防要略 /10

理牌、配牌 /10

牌力评估及常见牌型 /17

首攻 /22

进攻中的若干技巧 /32

防守中的若干技巧 /87

实战牌例解说 /117

基本规则

翻开本书的您，或许是一位"大怪路子"高手，也可能是从未接触过这一牌类游戏的门外汉。但不管如何，当您阅读完本书之后，我们坚信：您的"大怪路子"牌技水平，一定会有一个质的飞跃，令您的圈内朋友们，从此对您刮目相看。下面，我们姑且把您当成一位"大怪路子"门外汉，从最基础的知识入手，逐一向您介绍说明。

"大怪路子"的基本涵义

"大怪路子"是上海地区特有的扑克牌游戏。至于它的名称起源，暂时无从考证。我们的理解是，"大怪路子"主要有两层意思，一是"大怪"，也有人称"大鬼""大王"等等，代表大牌；二是"路子"，可以理解为路数，再通俗点说，就是牌型。大怪路子这一牌型，是"大怪路子"中最为常见的牌型之一。具体而言，就是某牌手手持六张牌，其中一张是大怪（单张中的顶级大牌），另外五张是可以一把出手的特定的五路牌型（具体如何组成，下面将有详细说明）。当桌上任何一位牌手出单张（大怪除外）到你面前时，或者轮到你出牌，你可以大怪带着一手五路的牌，一起出完走掉。当牌桌上你是第一个出完牌走掉的，就是头家。因此，也可以理解为，"大怪路子"的精髓就是抢头家、争上游。

比赛人员、比赛用具及比赛顺序

"大怪路子"的参与人数必须为六人，其中三人组成固定一队和另外三人组成的一队进行同桌对抗，六人的座次排列为一方三人和另一方三人相互间隔。我们假设某一位选手的座位号为一号，那么其队友便是三号和五号，而另一队三人的座位号分别为二、四、六号。一至六号座位按逆时针方向排定。座次一经确定，在本轮比赛结束前，不得随意更改。

"大怪路子"的比赛用具为三副相同的普通扑克牌。一共为一百六十二张牌，平均分发给六位牌手，每位牌手均持二十七张牌。在比赛开始前，还有如洗牌、切牌、发牌等事项。在此有必要向大家说明一下，一般而言，如遇正规比赛，都是规定由第一个出牌者洗牌，然后请他的左手上家进行切牌，最后由他本人将一百六十二张牌按逆时针方向，一张一张地分发给各位牌手。我们以一轮比赛六副牌为例，第一副牌由一号位牌手洗牌，然后交由左手上家（六号位牌手）切牌，再由一号位牌手发牌。比赛开始，由一号位牌手出第一手牌。第二副牌则由二号位牌手洗牌，一号位牌手切牌，二号位牌手发完牌后，出第一手牌。以此类推，一直到第六副牌为止。"大怪路子"的出牌顺序和发牌顺序一样，都按逆时针方向进行。

"大怪路子"比赛规定，下一位牌手跟出的那手牌，必须大过前一手牌，因此，下一位牌手可以选择跟牌，也可以选择 pass（不要）。例如：一号位牌手出单张 10，二号位牌手可以选择跟牌，但必须是 10 以上的牌，如 J、Q、A 之类的，当然也可以选择 pass。至于应该何时选择跟牌，何时选择 pass，这是一个涉及牌技的复杂问题，我们在后面会有比较详细的分析。

牌型及大小

"大怪路子"如前面所述，"大怪"（大牌）非常重要，但"路子"（牌型）往往更加重要。牌不在于大，有型则灵。三位队友中，只要有一家牌型整齐（指单张少，五路强），再加上另外两位合力辅助，则牌点较小的牌也往往能够争得头家。

"大怪路子"的主要牌型分为四种：① 单张（单独的任意一张牌）；② 对子（点子相同的两张牌）；③ 光三（点子相同的三张牌）；④ 五张（各种特定类型的五张牌）。沪上的老牌手们习惯于把以上四种牌型分别叫作单路、二路、三路和五路。以上四种牌型的组合和大小界定，除了五路稍稍有点复杂之外，其余都非常简单明了。下面我们详细说明一下。

① **单张**。单张中大小的排列：大怪、小怪、将牌（2）、A、K、Q……3。在这里，有关大小怪和将牌的功能，有必要再详细解释一下。大怪和小怪除了是单独的大牌以外，还可以和其他牌组成除单张以外的任何牌型，俗称"百搭"。例如：大怪或小怪和单独 A 可组

成一对 A，其大小等同于 AA；和一对 K 可组成三张 K，大小等同于 KKK；和 10JQK 可组成 10JQKA 顺子（大小怪组成的五路只能算大不能算小，所以此处不能算作 910JQK 而只能算作 10JQKA）；等等。可见大小怪的作用非常之大。如何合理运用，也是"大怪路子"非常深奥的一门学问。至于将牌（2）的功能就比较简单，它只是小于怪、大于 AKQ 等的点子牌。而把将牌定为小 2，这只是约定俗成而已，并无特别含义。

② **对子**。大小排列和单张相同：大怪一对、小怪一对、将牌（2）一对、A一对……3一对。需要特别说明的是，大怪和小怪组成的对子，等同于小怪一对，它小于大怪一对而大于其他任何对子。

③ **光三**。同上排列：三张大怪、三张小怪、三张将牌（2）、三张 A……三张 3。

④ **五张**。五张牌型是"大怪路子"中变化最多也是最重要的，因为它一手可以出掉五张牌，所以它对于争抢头家至关重要。可以这样说，凡是能抢头家的牌，十有八九是五路实力强且牌整齐。"大怪路子"五路牌型种类有六种，下面从小到大就这六种五路牌型的组合及大小关系逐一说明。

a. 杂顺（俗称垃圾），由五张不同花色连号的牌张组成。从大到小排列顺序为：10JQKA、910JQK、8910JQ……A2345。

b. 同花（也称垃圾），由五张同一花色但不连号的牌张组成。同花的大小之比，与黑桃（♠）、红心（♥）、方块（♦）、梅花（♣）四门花色无关，仅看同花之间的点子牌大小。首先比较第一张大牌，如 A8653 就大于 KQ1085。如第一张为同等大牌则比较第二张，如 A8653 大于 A7653，第二张再相同则比第三张，直至最后一张。需要说明一点，将牌（2）在垃圾中，只能算作最小的点子牌。

c. 光三带一对（俗称俘房），俘房之间的大小之比是比光三而非对子。如 44433 大于 333AA。所以俘房大小的排列顺序是：将牌（2）俘房、A 俘房、K 俘房……3 俘房。三个怪和一个对子，则不能组成俘房（它组成的是五张同一牌点的五路）。同样一个怪和光三加一个单张也不能组成俘房。如：大怪 3334 不能组成 3 俘房，而只能组成比俘房大一级别的炸弹。一个怪和两个对子可组成一手俘房，它的级别大小只能算作较大对子的俘房。如 QQ1010 和一张怪，只能视作 Q 俘房而不能算作 10 俘房。

d. 四带一（俗称拖或炸弹），由四张相同点子的牌带除了怪以外的任何一个单张。如四张 3 带一张 2 称 3 拖，四张 2 带一张 3 称将拖。同样它的大小之比是比四张点子牌的大小，与单张无关。其从大到小的排列顺序是：将（2）拖、A 拖、K 拖……3 拖。

e. 同花顺（俗称花连），同花顺的组成有一点与杂顺相同，都必须是五张连号的牌张，而且大小排列也一样。不同的是，五张连号的牌必须是同一门花色。因为条件苛刻，使得花连的级别在五路牌型中高居第二。

f. 五张相同点子的牌（俗称清五），清五由五张同一点子的牌组成，它的大小排列顺序是：五张怪、五张将（2）、五张 A……五张 3。

以上六种五路牌型中，级别从大到小的排列顺序是：清五、花连、拖、俘房、同花、杂顺，最大一级的清五可以管住花连以下任何一类的五路，花连则可以管住拖以下的五路，以此类推。而同级的五路中，其大小之比主要看组成该五路的关键牌张的点子大小。如俘房比较光三大小，拖比四张点子牌大小，等等。

合理的问牌和回答

按通常习惯,大怪路子比赛中,任何一位牌手均可以在适当的时候进行问牌。问牌的对象既可以是对手,也可以是同伴,问牌的目的就是搞清楚被询问者手中所剩牌的张数。而被询问者在持牌张数到十张之内(包括十张)的时候,必须如实回答手中持牌的张数。一般回答就用两个字,如:"十张""八张""六张"等。"大怪路子"在牌手持牌张数到十张以内时,是有特定牌型结构称谓的。如六张牌称为大怪路子(一张大怪带一把五路),七张牌称为两将路子(两张将牌带一把五路),八张牌称为三将路子(三张将牌带一把五路),十张牌称为两番牌(两把五路)。为体现竞赛的公平、公正,所有牌手在被询问时,只能报牌的张数。当然,如果牌张数在十张开外,就回答"不报"。总之,合理规范的回答就两个字:"N张"或"不报"。

那么,究竟什么是合理的问牌呢?由于目前尚没有比较详细统一的大怪路子比赛细则,在这方面普遍存在着比较混乱以及不合理的现象。比如,还轮不到某位牌手出牌时,就迫不及待地问牌,或者手中没有大过桌面上的牌张时也在问牌,等等。我们认为,较为合理的问牌应该是以下两种情况。一是,当某一手牌到你面前时,你手中有比它更大级别的牌,此时你可以询问出这一手牌的牌手。注意:仅仅是询问他一人而非其他人。问牌过后,你有权选择跟上或者pass。例如:你是五号位,你的一号位同伴出一把4拖,二号位上7~J花连,到你面前,你手中有一把比7~J花连更大的五路,你就可以对二号位进行问牌,但除此之外,你不能询问其他任何一位牌手。当然，你手中那把较大的五路可以选择跟上，也可以 pass。再例如，同样你是五号位，在出单张的过程中，一号位上将牌，二号位小怪压上，三号位同伴 pass，这时你手中有大怪，就可以对二号位进行问牌。尽管明明知道二号位的牌还有十多张，而且你的大怪也是不会跟上的，但这是合理问牌，目的是暗示同伴，你至少有一张大怪（当然，对手也同时掌握了这一信息）。可能会有人问，对于自己同伴的大牌，轮到你时，可以询问吗？例如，一号位同伴出一对 K，二号位 pass，你是三号位，手中有一对 A，此时是否可以询问？按规则当然可以，但一般来说，这是对手想做的事情，你想帮对手忙，对手当然乐意。这种问牌，在头家没有走掉之前，基本上都不太靠谱，唯有在残局交接班时方才有用。有时对方出一手较大的牌，你不必问牌，只要稍作迟疑，便能说明自己的一些牌情。例如，一号位第一手出单张小牌，二号位上将牌，其他四家 pass。轮到一号位，手握两张大怪，但此时问牌未免太滑稽了。其实他只要停顿几秒钟再作 pass，就可以说明手中有怪。假如你没有怪却故作迟疑，这就涉及牌风牌德问题了，我们是坚决反对的。由于问牌在一定程度上暴露了一些关键大牌的位置，为对方行牌提供了某些依据，很多场合，它就是一把双刃剑。到底何时该问牌，何时需缄默，这确实需要有一定的智慧和技巧。一般而言，你手中各类牌的控制张较多，如有大小怪、三将或清五等，这时你一般不要轻易询问。理由很简单，你以后大有机会可以询问。当你的牌相对较弱时，应该及时询问，为同伴提供一些有用的信息。以上是跟牌前的合理问牌，大家可以通过日积月累，逐渐熟练掌握某些技巧。另一种合理问牌就简单多了，那就是在你获得下一轮出牌权时，你可以询问桌面上任何一家的持牌张数。而被询问者，尤其是同伴，回答一定要规范，简单地回答"N

张"或"不报"即可。握有牌权时的问牌，在争抢头家的关键时刻和残局阶段，其作用相当大，所以，一定要充分利用有限的问牌机会，在关键阶段习惯性地问牌，为己方争取最大的利益。

比赛形式及计分方法

大怪路子的比赛形式和桥牌有相似之处。主要有三人赛（类似桥牌中的双人赛）和六人队式赛（类似桥牌中的四人队式赛）。三人赛的牌运成分相对较大，所谓"七分牌技，三分牌运"。也正因如此，它非常适合大众参与。如果要论正规比赛，那就只有六人队式赛了。六人队式赛由一组三对三在开室进行比赛，另一组三对三在闭室进行比赛。例如，我方三名队员在开室坐一、三、五号位，另外三名队员就在闭室坐二、四、六号位，对方六名队员在开、闭二室相反而坐。开室和闭室所打的每一副牌，六位队员各自的二十七张牌都不能搞乱。打完一副牌后，每人的二十七张牌对号入座，插入专用的牌套，由专人传到另一室再打一次。在两边队员持相同牌的情况下，比较最终结果。这种比赛形式就如同桥牌四人队式赛，基本上杜绝了牌运的因素，比赛结果完全是六人综合实力的体现。

除了以上两种比赛形式之外，还有一种比赛形式也值得一提，那就是由上海市休闲棋牌协会主席、著名企业家李文雍先生自创的"李氏单挑赛"。它可以是一对一对抗（犹如三人赛），也可以二对二复式比赛（犹如六人队式赛）。所不同的是，它是一人控制三副牌，在对阵双方完全知道各自三副牌大小以及牌型的情况下，比较双方在进攻、防守、开局、残局等方面的综合能力。同样，有条件的话，这种比赛也是二对二复式赛比较公平，它剔除了牌大牌小等运气成分，比赛结果完全就是个人实力的体现。

"大怪路子"比赛的计分方法，目前大都采用中国象棋界泰斗胡荣华先生制订的"胡氏计分法"。具体算法为：① A方一家争得头家，B方三家分别以第二、三、四名先后走掉，也就是通常所说的"假上游"，如此双方各得0分；② A方一家争得头家，另一家为第二、三或第四名，还有一家为最后一名，如此A方可得1分（也即通常所说的"白斩"）；③ A方一家为头家，B方两家分别为第二、三或第四名，还有一家为最后一名（也即A方抓B方一家），如此A方可得3分；④ A方一家为头家，B方一家为第二或第三名，其余两家为第五和第六（也即A方抓B方两家），如此A方可得5分；⑤ A方为第一、二、三名（也即A方抓B方三家），如此A方可得8分。简而言之，就是针对五种不同情况，得分为0、1、3、5、8分。在一轮结束后，将得分累计，得分较多者为比赛优胜。如遇双方得分相同，则再比较双方得头家的次数，多者为比赛优胜。如再相同，则可以比较抓三家或抓两家次数的多少（也即比较高分），多者为比赛优胜。

攻防要略

在"大怪路子"对战中，敌我双方主要通过两个阶段来进行搏弈。一是争夺比较激烈的进攻（争上游、抢头家）阶段；一旦头家尘埃落定，牌局就会进入相对缓和的防守（抓人与逃脱）阶段。在这两个阶段搏弈当中，牌手们都需要运用诸如配牌、跟牌、顶牌、忍让、合理使用大牌以及记牌等一系列技巧。如何熟练掌握这些技巧，是提高牌技水平之关键所在。下面，我们就一些常见的攻防技巧作较为详尽的剖析，希望它能有助于您进一步提高"大怪路子"牌技水平。

理牌、配牌

当牌手拿到二十七张牌的时候，所要做的第一件事，就是花几十秒钟时间，把牌整理一下。根据各人的习惯，有人喜欢按牌点大小，把牌从大到小进行整理。也有人喜欢把大小怪、将牌理在一起，然后把清五、炸弹（拖）、光三、对子、单张按序分开。还有个别牌手习惯于把大小怪、将牌和四门花色分开整理（此类人往往比较钟爱花连和垃圾）。应该说，不管你用何种理牌方式，只要能对你配牌起到帮助，那都无关紧要。一般有经验的牌手，都喜欢把牌按牌点大小进行整理，然后进行配牌。当然，这并不影响他们对手数多少的判断，以及攻防当中各类牌型的运用。而把牌按花色整理的方式，我们认为最不合理，因为它极容易把牌配死，呆板而缺乏变化，所以应该摒弃。

当你把二十七张牌整理完毕后，接着要做的事就是配牌了。配牌的主要目的就是把牌配整，减少手数，或者是把五路做大，有助于自己或同伴争得头家。"大怪路子"牌型有四种，特别之处是五路牌型有六种变化，如何合理配牌就显得尤为重要。可以毫不夸张地说，配牌技巧可以和进攻、防守并称为"大怪路子"三大技巧。据粗略估算，至少有三分之二的牌是要经过合理的配牌后，再进行攻防的。几乎每一副牌都会出现杂顺、同花或者花连。高手们经过长期实践，在配牌方面一般都能运用自如。反观许多初学者，在这方面就往往显得比较稚嫩和茫然。请看以下牌例。

牌例 1 假设由你先出牌（我们称之为首攻），持牌为：♣2♠A♦A♣A♠K♣K♦K♣Q♣Q♣10♠9♣9♥9♠8♣8♣8♥7♦7♣7♣6♥6♣6♥5♣5♦4♣4。乍一看，大牌点不多，仅独将、3A、4K，光三居多（五把）。如不经配牌，那就是光三和俘虏为主的牌型。许多初学者拿到这手牌，会不假思索地以三张6起手。但问题是，整手牌的光三缺乏层次，6~9的连号光三，三张6出手，遇对方三张10、三张J之类的一碰，就算你3A回手获牌权，再出7俘虏，对方一把9以上的俘房或3拖、4拖之类的一顶，你就尴尬了。K拖不上，就把牌权拱手相让，如上K拖，则很难获得牌权。关键问题是，你的同伴很难想象，你7俘房起手，手中十一张牌居然还有8、9两把小级别的俘房。就算过一把俘房，打听六张，也并非大怪路子，头家不谈，同伴还得设法把你救出来。而有经验的牌手就不同了。他们通过配牌发现，这其实是一手极具进攻性的牌。在5~10的号码牌中，由于花色的巧合，把光三、对子等重新组合，整手牌立刻变得熠熠生辉，只要对手五路不是特强，加上同伴一定的支持，争得头家可能性不小。正确的配牌方式应该如下：♠6~10花连、♥5~9花连、K拖、A俘房和一把5~9的杂顺，净多2Q。如此配法，不仅牌整，最主要是五路级别提高了好几个档次。何况你还是首攻者，一把5~9杂顺出手，接下来的进攻便毫无顾忌。如回头能过A俘房那最好。如被对手以拖阻击，就先上一把♠6~10花连（K拖放在以后打，因单张搭子是将牌，以后单张很可能用上），如获牌权，则一对4出手，打听AAAQQ、KKKK2、♥5~9花连，等待同伴上手放五路。如再能过掉一对Q，听AAAKKKK2、♥5~9花连，则就更具有杀伤力了（三A明显比A俘房更容易过牌，而且单张将牌可能活出，使敌方的消耗更大）。假如花连未获牌权，那就等二路过QQ，同样可以听三把较强五路。如果出单张，你能过Q的话也完全可行，这样可以把单张将牌活出来，给对手造成更大的消耗。最差的结果也就是你所有的五路均被对手压制，最终打听一对Q或单张将牌。那样的话，对手必然在五路上付出很大的代价，从而为同伴争得头家创造条件。况且，你打听QQ或将牌，被抓的可能性也不大。当然，如果这手牌的4或Q换成是一张将牌甚至怪的话，那基本上就是一手争头家的铁牌了。由此可见，配不配牌有天壤之别。如果这手牌主打光三和俘房，想争头家那简直是天方夜谭。而把6~9的光三加单张10和一对5配成两把花连和一把杂顺，在同伴的配合下，至少应该有五成以上的把握争得头家。

以上是非常明显的把五路做大的配牌，把四把三路、一个对子和一个单张，正好配成两把花连和一把杂顺。这种配法当然所有牌手都乐意接受。但好运不会经常如此眷顾着你。有时候一手牌拿上来，虽然有清五、大级别炸弹等较强五路，但对子、单张也非常之多。究竟该如何配牌，往往显得比较为难。一般而言，把清五、炸弹拆开配成垃圾，或把大小怪配进花连，都是比较吃亏的做法。但有时为了大幅减少手数，使一手牌变得更具攻击性，采用陪怪（尤其是小怪）配花连和拆清五、炸弹，把牌配整等手段，在牌桌上也是屡见不鲜的，大家都应该熟练掌握。

牌例2　你是首攻者，持牌如下：大怪小怪♥A♣A♠K♠Q♣Q♣J♥10♥10♦10♥9♣9♣9♥8♥8♣8♣8♣8♠7♠7♥7♣7♦5♦4♦3。虽然拥有大小怪各一张，但是没有将牌，有两把清五，而单张也多，有五个单张。一般来讲，有怪缺将，五路较强且牌整，比较适宜进攻争头家。那上面这手牌又该如何配整呢？很幸运，543三个小单张都是♦，五张7当中也恰好有一张♦7，这样陪小怪可以配成一把3~7的花连，尽管拆了一把清五，又陪了一张怪，但整手牌却变得非常具有攻击性了。所以，合理的配牌应该是：88888、♦3457小怪、7777J、101010AA、999QQ、大怪和K。首攻就是999QQ，然后按顺序把剩余的五路打掉，应该说，头家希望甚大。如果把上述牌作细微的变动：单张J和K当中有一张是♦，那么合理的配牌就该是：88888、77777、999、AA、QQ、♥10♥10、♦K（J）10543、大怪、小怪、K（J）。保留两把清五，把小怪活出无疑是更佳的配法，将来有可能打 9 俘房，也有可能打陪小怪 9 拖。一切视牌局进程而定。而首攻就变成是一对 10 了。以后◆垃圾能过最好，如过不了，就跟着两把清五或大怪一起走。

牌例 3 首攻者持牌为小怪♠2♥2♠A♥A♣A♠K♠K♦K♣K♣K♥Q♠J♠J♦J♥10♠9♣8♥7♥7♣6♠6♣5♥4♠3♣3。牌力还算可以，但主要问题是 J 以下的牌太散，手数甚多，必须通过配牌加以解决。较为有利的是，六张 K 为把牌配整提供了方便。关键在于，把牌配整的同时，如何尽量把五路级别配成大一些，方便过牌。喜欢配垃圾的朋友可能很快有了答案，他们的配法一定是：KKKKK、AAA小怪 Q、♠KJJ63、7～J 和 3～7 的杂顺，净多两张将牌。但问题是，你配三把垃圾，出手一把，还剩两把。在头家诞生之前，要过这两把小级别五路的可能性极低。陪小怪 A 拖拿牌权的可能性也不大。所以，做头家的前提必须是，一对将牌和五 K 都拿牌权，否则的话，极有可能不成功而成仁。较为合理的配牌应该是：♠K♠K♠K♦K♠9、♠A♥A♣A（♠J♠J♦J）小怪♠3、♠A♥A♣A（♠J♠J♦J）♠6♠6、♣KK853、♥Q10774，净多两将。出手一把♥垃圾，争取过 A（J）俘房和 K 拖，然后等一对将牌上手，出♣KK853，听陪小怪 A（J）拖。头家有望！如果两将被压制，则头家基本无望（前一种配法是肯定无望）。此时你只能暂时按兵不动（除非你能过♣垃圾）。当然，你留的十张牌还稍有变化，如能过一张 8 或 5，则牌型可以转化为 AAA33、KK、8（5）、小怪。把小怪和 KK 活出来，逃生的可能性还是很大的。如果没机会过小单张，最后五路还可以搏陪小怪 A（J）拖过关。总之，这种配牌法和三把垃圾的配法相比，唯一损失的是五 K 缩水成了 K 拖，但总体五路做大不少，抢头家的胜算无疑更大，而且"牺牲"的风险也要小很多。

以上三副牌例，都是运用配牌技巧，把看似五路不强的牌配强，或者把比较散乱的牌配成具有一定攻击力的牌型。但是，往往在很多场合下，你的牌力非常有限，牌也不整齐。此时你就不能一味地追求减少手数，把牌配整了。你数量有限的怪或将牌更是不能轻易地陪到五路中去。"大怪路子"是非常讲究配合的团队项目，每副牌各人的任务、分工不尽相同。当你拿到弱牌的时候，你的主要目标就应该是争取不做末家。所以，你的配牌方法、策略也必须及时作出调整。

我们把牌例3这手牌稍作变动，变成牌例4，看看该如何配牌。

牌例4 小怪♠A♥A♣A♠K♠K♦K♣K♥Q♣Q♠J♠J♦J♥10♠9♣8♥7♠6♠6♠5♥4♠3♣3。和牌例3不同的是，两张将牌不见了。在这种情况下，我们首先将它定性为一手保命的牌。配牌策略必须作出调整。像牌例3那样，把牌配成两把垃圾，在绝大多数场合下，都是不合理的。因为一对将牌变成了一对9！而你首攻一把垃圾的话，就等于向同伴传递了一个讯息：你在进攻、抢头家！两家同伴以后的行牌一定会以你为主，配合你的"进攻"。但最终结果很可能非常糟糕。我们认为，这手牌最多只能配一把♥垃圾，首攻就应该是单张5！今后对子、单张能过则过，至于六张K到底是打5K还是K拖，视情况而定。总之，你首攻不是垃圾就OK。几个回合下来，同伴就会知道，你是没有进攻能力的，自然而然，他们就会担当起进攻的责任。一旦进攻失利，他们也会在后期协助你逃生。总之，通过配牌和以后的行牌，要与同伴建立起良好的默契和信任。

牌例5 ♠2♣2♣A♥K♣K♠Q♠Q♥Q♥10♥9♦9♣9♠8♦8♠7♠7♥7♣6♥5♦5♦5♣5♣4♥3♣3。同样很弱的一手牌，大牌较少，五路也只有小小的一把5拖。能最后活命就算不错了。然而，不少花连爱好者是不肯轻易放弃♣A2345这把最小级别花连的。他们的配牌很可能是：♣A～5花连，Q、9、7、5四把俘房。首攻单张10，如将牌回手，则5俘房出笼，听Q、9、7三把俘房和一把花连。且不说这把小花连能否拿到牌权，就算是拿到了牌权，那又怎样？不过是7俘房出笼，打听9、Q两把俘房而已。但一上来，仅有的两张将牌没有了。更糟糕的是，两家同伴会尽全力来配合你，但结果一定是令人失望的。可以说，这种配牌方法，不仅会害了自己，最主要的是，会失去同伴对你的信任。其实，这手牌根本不用配，就是俘房为主的牌型。首攻单张10为个人所好（我们认为可能还是首攻光三好一些）。以后能过单张、小俘房则尽量过，过不了就pass，两张将牌在早期尽量不要用掉。因为你的主要目标就是不做末家。

以上几副牌例都是介绍首攻者的配牌技巧。由于首攻者有先行之利，所以一旦首攻者五路较强，牌也能配整，或者说五路实力一般，但短路较强（有两怪、两将、两A之类的），他是完全可以配一到两把垃圾，主动积极进攻的，而且成算也往往较大。

然而大多数情况下，你非首攻者，而牌较整或者是大牌实力较强，有一定的进攻抢头家的能力。但敌方（或同伴）的首攻你是无法控制的，所以此时你的配牌就要保持一定的灵活性，通常要视第一手过牌情况，再来决定以后的配牌策略。

牌例6 你是二号位，首攻者为一号位。持牌如下：大怪小怪♥2♦2♠A♥A♠A♠K♥K♦K♣K♦J♣10♣9♥8♠8♣8♠6♠6♠5♥5♣5♥4♦4♣4♠3♣3。大牌实力较强，五路也还可以，但缺陷是：小五路有至少两把，又非首攻者，究竟该如何配牌，要视一号位作何首攻而定。假如一号位首攻五路（进攻信号），那你首先看你的两把小俘房能否过掉一把，如能过，则你的配牌就基本定型，成为7～J杂顺，4（5）俘虏，KKKK8，AAA22，大怪、小怪。K拖可以先过，但怪不要先急着陪掉（要防上家两将奔牌）。如果你的两将牌能在对子上先获牌权的话，头家希望还是不小的。如首攻者第一把为5以上的俘虏，挤住了你两把小五路的话，那你只能pass（过A俘虏往往是亏损的，况且还有陪小怪A拖的变化）。先看看同伴和敌方的五路情况，再作定夺。假如首攻者先出单张，那应先上将牌抢牌权（第一张上将牌，获牌权的可能性还是很大的）。如获牌权，那配牌马上可以调整为配两把垃圾了。具体配法：2~6杂顺、♥J8854、KKKK9、AAA10小怪、♣3~7花连、大怪。出手♥垃圾，过三把中高级别的五路，打听大怪路子，头家希望甚大。假如首攻者先出对子，你可以先pass，看看同伴的情况。同伴如无进攻苗头，那你只能上22，然后4俘虏出手，打听5（A）俘虏、K拖、♣67910小怪，陪大怪5（A）拖。担当起抢头家的责任。

通过以上几副牌例不难看出，配牌是否合理，对整个牌局的最终结果往往具有决定性的影响。熟练掌握配牌技巧，是每位牌手提高"大怪路子"牌技水平的必由之路。希望大家通过长期不断的实践摸索，逐渐达到灵活配牌、巧妙配牌的较高境界。

牌力评估及常见牌型

"大怪路子"牌型的好坏，直接影响到整个牌局的攻防结果。那究竟如何判断牌型的好坏呢？我们认为，最主要的依据，就是牌的整齐度和五路的强度，其次才是牌点的大小。不少初学者认为，自己怪多将多，就一定能冲击头家。所以也不管自己手数的多少以及五路是否强大，一上来就漫无目的地乱砍乱杀，待到大牌消耗殆尽时，才发现自己仍未走掉。同伴在失望之余，对他的信任度一定会大大降低。"大怪路子"是三人与三人之间的对战，一般来讲，每方三位同伴中间，总有某家是综合牌力（牌型和大牌点）比较强的，某家是一般或比较差的。因此，攻防最终的结果，较常见的就是"白斩"或抓一家。抓三家、"包饺子"是最少出现的结局。

当你拿到二十七张牌时，在经过大致的配牌之后，就要立刻对你的综合牌力作出定性。在有了正确的认识之后，你以后的行牌就会比较轻松自如了。请看下面几组牌：

① 大怪大怪小怪♥2♦2♠A♣A♠A♠K♥K♦K♣K♣J♣J♠10♥10♥10♠9♥8♠8♣7♠6♣5♣4♥3♦3♠3；大怪大怪大怪小怪♥2♦2♠A♥A♠A♦A♠Q♠J♠10♣10♣10♠9♥9♣9♠8♥7♥7♣7♠6♠3♥3♦3。

② ♥2♦2♠A♥A♠A♦A♦A♥K♣K♥Q♣J♣10♣9♠8♥7♥7♦7♣7♥5♦5♥4♣4♠3♥3♣3；大怪♦2♥A♣A♠A♠A♠K♣K♥K♣K♥Q♦Q♦J♠10♥9♣8♠7♥7♦7♣6♣6♠5♥5♥5♣5♣3。

③ 大怪小怪小怪♠2♦2♠A♥A♦A♠K♠Q♦Q♣J♣10♣10♠9♠9♠8♥8♣7♥7♦7♥6♦5♦5♥4♦4♣3；大怪♠2♥2♦2♣2♣2♠A♣A♠K♦K♣K♥Q♥Q♣10♣10♠9♥8♥7♦7♠6♠6♠5♦5♥4♦4♥3♣3。

④ ♥2♠A♦A♣A♠A♠K♦K♠Q♠Q♥Q♠Q♣J♠10♦9♦9♠8♠7♥7♥7♠6♠6♣6♠5♦5♥4♥4♥4♥3；♥2♦2♠A♥A♠K♣K♠Q♣J♠J♣J♦10♦9♦9♥8♥8♣8♠6♦6♠5♦5♥4♠4♣3♥3♦3。

非常明显，第1组牌是谁拿到都会打，而且都会轻松拿到头家的超级强牌，可以称之为"天牌"。正是由于它的特殊性，而且出现频率非常之低，所以有关攻防技巧就无须赘述。但有一点必须强调，当你有幸拿到此类牌时，你首先要想的不是怎样去抢头家，而是争取让同伴去抢得头家，如果同伴实在无能为力，你再介入也不迟。假如还是轮到你首攻，那么第一手牌就一定是短路，而绝非五路。像前一手牌就该首选单张 9（三张 3 也可，但稍差）。后一手牌♥7♣7是当然的首选。因为，首攻短路，同伴假如能接手发起进攻的话，你的超强实力就是他坚强的后盾。而如果他顺利抢得了头家，那么，另一家同伴，就是再弱的牌，只要你审时度势，正确判断分析，就一定能把他"解救"出来。

下面我们要着重介绍后面三组牌。因为它们是"大怪路子"较为常见的牌型。

首先看牌组②。牌组②中的两手牌，就属于我们前面所说的综合牌力较强的牌。尽管它们的大牌实力都很一般，但牌型整齐（手数少），五路较强，是典型的争抢头家的牌。通过正确的配牌，这两手牌的手数都在七手以内，而且都有较大的五路作掩护（如前一手的五张 7 和五张 A，后一手的 K 拖和五张 5）。所以正常情况下，这两手牌的头家希望都非常之大。而两者之间的比较，前一手牌是标准的两将加五把五路的牌型，关键是五把五路中还有两把是重磅的（五 A 和五 7）；而后一手牌尽管五路稍逊，但它多了一张大怪，所以多了一次单将上手、最后打听大怪路子的机会。所以总体头家成功率，并不低于前一手牌。

再看看牌组③。就大牌实力而言，牌组③要远强于牌组②，但就争抢头家的能力而论，它却要远远弱于牌组②。原因很简单，其牌型较差，手数甚多。如果不经配牌，它们的手数均在十手开外，若要减少手数，则至少要配二至三把垃圾，而且极容易把牌配死。因此，牌组③这两手牌，只能看作综合牌力一般。假如你拿到此类牌时，我们建议你，绝对不要轻举妄动，随意出击（五路）。只有当同伴短路较弱而五路较强时，你才可以出击，支援配合同伴去争抢头家。

最后再看一下牌组④中的两手牌，它们属于标准的综合牌力很差的活命牌。假如你的两家同伴已经先后走掉，那你存活的概率几乎为零。只有当某家同伴有较多的大牌点，而且牌张又较多时，你方有逃生的可能。所以拿到这类牌时，你的行牌原则就是：尽量混掉小牌，保留住数量有限的大牌（如前一手牌中的将牌和 Q 拖、后一手牌中的一对将牌等），最后等待同伴救援。

通过以上几组牌例可以得出结论：就争抢头家而论，牌型的优劣往往比大牌的多少更为重要。

在"大怪路子"攻防中，具有进攻能力的牌，基本上都是有牌型作支撑的。也就是说，要么是牌整、五路强，要就是牌点大，对子、光三实力强。但不管如何，都不能有太多的单张和小对子。如果牌点很大，但单张、小对子居多（如前面介绍的牌组③），那就是散乱牌型，一般都是不宜进攻的。下面我们主要介绍几种常见的具有进攻性的牌型。

牌型 1　一个对子和五把五路，这是"大怪路子"中手数最少（六手）的进攻性牌型。当然这要求对子越大越好（通常就是一对将牌），而且五路较强、配置完整。例如：① ♠2♥2♠Q♥Q♦Q♣Q♠K♠K♥K♣J ♠9♥9♦9♣9♠6♦A♠A♣A♠8♣8 ♥10♦10♣10♠4♣4；② ♠2♠2♥2♠A♠A♠K♦K♣Q♣Q♠J♥J♦J♣J♠9♣9♥8♣8♥7♥6♠5♠4♥4♦4♣4。

牌型 2　单张大怪和一个单张加五把五路。例如：① 大怪♠A♦A♠A♣A♥K♣K♦Q♣J♣J♣J♠10♥10♦10♣10♦9♣9♠7

♥7♣7♣7♥6♥4♦4♣3；② 大怪♦A♥K♥K♠Q♥Q♣Q♠J♣J♣10♣9♣8♣7♣7♠6♣6♦5♠5♥4♠4♣3♠3♣3♣3。

牌型3 单张大牌（怪或将）和三个较大对子加四把五路，共八手牌。例如：① ♣2♠A♥A♦A♣A♦K♦K♠Q♣Q♥J♦J♣J♦10♣10♠9♥9♣9♠9♣8♦7♣7♠6♣5♣5♣4♣3♠3；② 大怪♠A♥A♥K♣K♠Q♣Q♥Q♣Q♣Q♥10♦10♣10♠9♥9♥8♦7♠6♦6♣6♠6♠5♦5♣5♦4♣3。

牌型4 单张大牌和两把三路加四把五路，共七手牌。例如：① ♥2♠A♥A♣A♠K♥K♣K♠Q♣Q♣Q♠J♠10♥10♦10♣10♠9♥9♣8♣8♣4♦4♦4♣4♦3；② 大怪♠A♥A♣A♠Q♠J♣J♥J♥J♠10♥10♦9♣8♥7♥7♣7♠7♣6♦6♥5♦4♠4♣3♣3♣3。

牌型5 六个对子加三把五路，共九手牌。例如：① ♠2♥2♥A♣A♠K♠K♥K♥Q♦Q♥J♦J♠9♥9♣9♠8♣8♥7♠6♣6♥4♠3♠3♥3♣3♣3；② 小怪♠2♥2♦2♠A♣A♠K♣K♦K♠Q♥Q♥J♣10♣10♦9♣9♣8♠8♥8♣8♠8♣5♣5♣5♣5♠3。

牌型6 四把三路加三把五路，共七手牌。此类牌型出现概率相对较低，但一旦出现，敌方往往穷于应付。例如：① ♠2♥2♦2♠A♥A♣A♠Q♣Q♥Q♦Q♠J♥J♣J♣10♣10♥9♠8♥8♥7♥6♠5♣5♣5♠4♦4♣4♣4；② 小怪♠2♦2♠A♥A♣A♠Q♥Q♣Q♠10♣10♣10♣9♥8♣8♠5♥5♦5♣5♠4♦4♠4♣4♠4♠3♠3♦3。

从上述六种"大怪路子"常见的进攻性牌型中可以发现一个共同点，就是它们的大牌点实力都比较一般，但都属于牌型齐整、手数不多、五路较强的类型。因为有较为明显的牌型，所以一旦轮到首攻，或者同伴（敌方）的首攻与自己牌型吻合的话，那争抢头家的能力（进攻性）是非常强的。这也再次印证了一句话，叫作"牌不在大,有型则灵"。

首攻

首攻,即出第一手牌。在扑克类游戏中,它其实是桥牌的专用术语。英文称作 The first attack。而桥牌中的首攻,一般都作为防守的开始。我们之所以把"首攻"引入"大怪路子",是因为"大怪路子"中的首攻往往是吹响进攻号角的开端。据不完全统计,"大怪路子"中,首攻者抢得头家的机会大概在三分之一左右,要明显高于其他非首攻者。当首攻者拿到一手较为整齐的进攻牌的时候,由于第一手就能较为清晰地打出牌型,其最后争得头家的概率大大提升。良好的开端是成功的一半,如何充分利用首攻这一有利因素,提高进攻的有效性,也是衡量牌手水平好坏的一个方面。下面我们把有关首攻的一些技巧介绍给大家,希望能帮助您降低在首攻这一环节的失误率。

① **标准性首攻**

当你拿到一手有牌型又有进攻实力的牌,在绝大多数场合下,其首攻都是较为明确的标准性首攻。当然,在具体到首攻哪一手牌时,各人的选择可能会有所不同,这也可以看出一个牌手对"大怪路子"的理解能力。以下有关首攻的若干牌例,都是从"大怪路子"常见牌型中选取的,应该说,绝大多数爱好者都不难理解。

牌例 1 ♦2♣2♥A♠A♥A♥A♣A♥K♣K♠J♥J♠10♥10♠9♠8♠7♣7♦6♥6♣6♥5♠4♥4♦4♦3♣3。经过配牌,成为一把标准的进攻性牌:五 A、♠7~J 花连、6 拖、4 俘房和♥垃圾,净多两将。首攻毫无疑问是五路。很多牌手都会以♥垃圾作为首攻,应该说也没什么大问题。但如果更细心一点的话，还是首攻 44433 更为合理。首先 4 俘虏的级别和♥两 K 垃圾的级别也差别不大，但 4 俘虏首攻有可能正好挤住下家的 4 俘虏或者 3 俘虏、A 同花垃圾等小五路，给下家制造一些障碍。其次这手牌也并非有百分之百的头家把握。万一两将、五 A、花连等均被对手压制，那最后一定是打听一把小五路（4 俘虏或♥垃圾）。从生存的角度来讲，最后听♥KKJ105 肯定要比 44433 的机会大，毕竟♥同花的点子牌要比 44433 大得多。所以，为防患于未然，还是选择 44433 首攻更为合理。

牌例 2 大怪小怪♠A♠K♥K♥K♦K♠Q♦Q♣Q♣Q♠J♦J♥9♦9♥8♥7♥7♠6♥6♥5♥5♥4♥4♣3。这是比上例更为强大的进攻牌型。由于它基本上没有被打沉的可能，所以首攻应该选择 9 俘虏而非 3~7 杂顺。一来可以最大限度地挤住对手，防止对方某家持有五将或五 A 两大怪等极端牌型；二来是向同伴传递明确信息：我就是争头家的牌，请不要在五路上随便接手。而第二手五路过牌一定是♥4~8 花连而非 QQQQA，假如花连被压，则再上五 K，万一五 K 再被对方五 A 压制，那你只能等待单张或五路，靠陪小怪五 Q 拼牌，最坏结果也是等陪小怪五 Q 上手，再打听大怪路子。一般而言，五 K 拿牌权的可能性较大，此时便出单张 A 然后大怪，再 3~7 陪小怪五 Q 沉底，头家十拿九稳。

以上两例都是标准的 2+5×5 牌型，首攻五路是唯一选择，只是在第一手五路的选择上，都应该选择次小五路为上。

牌例 3 大怪♠A♦A♣A♠A♥K♦K♠Q♥Q♦Q♠J♠10♥10♦10♣10♦9♣9♥9♠7♥7♣7♣7♥6♦4♣4♣3。独张大怪缺将牌，但牌整五路较强，非常适宜争抢头家。那究竟应该如何选择首攻呢？水平不同的牌手很可能意见相左。初级牌手中会有不少人选择首攻

23

单张,然后大怪回手,9俘虏出笼。但问题是你手中剩余的四把五路除了五A是超强级别的,其余三把级别都非常一般。如果遇到敌方五路也较强,而且短路实力占优的话,很可能出现这样的结果:你的两位同伴拼死短路上手,放送五路,但却只能把你送到手听五A和另一把五路,或者是听一把拖。而此时同伴却再也没有上手机会,只能任由敌方短路突破,抢得头家。"大怪路子"有一个重要原则,就是除非你(或同伴)的牌张已经较少而且听出牌型(如大怪、三将、两将路子或一把较强五路等),否则你的顶级大牌(如上述牌例中的大怪、5A)绝对不要轻易出手。因此,牌例3的标准首攻就是9俘虏,如能过掉两把五路,再五A出手,然后出单张听大怪路子。当然,如果大怪换成是一张将牌的话,那首攻毫无疑问是小单张,争取将牌回手,然后过掉三把五路,靠五A拼牌。

牌例4 大怪♠A♠A♥A♦A♣A♥K♥K♦K♣K♣Q♠J♦J♦J♦10♣9♣8♣7♠6♠5♥5♦5♣5♦4♦4♣3。这手牌首攻单张Q就非常合适。最好希望敌方上将牌,再大怪回手,然后♦105443出手,听五A、五K、♣56789花连、J俘虏,争取一口气打到底。和上一手牌相比,这手牌的五路显然强得太多了,所以上来就把大怪用掉,毫不足惜。接下来的五路进攻,几乎可以一气呵成,不需同伴任何帮忙。

以上两例都是大怪和一单张+5×5的牌型,但在首攻单张和五路的选择上,却是有着本质上的区别。

牌例5 大怪♦2♣2♥A♥K♣K♣K♥Q♠J♥J♥10♦9♦9♠8♠8♣8♣8♣6♦6♣6♠5♥5♠4♣4♣4♦3。不经配牌的话首攻基本上就是单张,整手牌牌力一般,就是对子+俘虏+拖的牌型。但配牌后,牌力就有了较大增强。两把拖仍在,但多了一把顶头♥花连10JQKA,少了一把K俘虏,更主要是单张没了。但是在首攻选择上还是有相当讲究的。不少牌手可能会认为这手牌就是标准的 2 + 5×5 的牌型，所以首攻一定会是 44455，争取过掉 6 拖、8 拖和花连，听大怪 22KK99。先不说你的一对将牌是否过关，就算过关，你手中的那张大怪就等同于一张 K，完全没有发挥作用。关键是这把陪大怪 K 俘虏是完全可以消失的，这就要求在首攻上加以改善。所以标准首攻是一对 5 或一对 9，争取过 KK 上一对将牌，然后 6 拖出手，听花连、8 拖、4 俘虏、大怪，4 俘虏和大怪成为组合，只要能过 8 拖、花连，头家概率甚高。和前者 4 俘虏首攻相比，对于首攻路子清晰，而且两将上手后，6 拖起手，其攻击性绝非前者可比。大家可以细细体会。

牌例 6 ♠2♣A♣A♥K♥K♦K♣K♦Q♣Q♠J♥J♥10♦10♦9♠7♥7♣7♣C♥6♥5♦4♦3♥3♥3。虽然只有单张将牌 2A 和五 K 等大牌点，但五路较强，且结构完整，最小五路也是 J 俘虏。在同伴的支持下，头家希望还是较大的。而首攻就更为明显了，一定是一对 3，争取过掉两对，听将牌、五 K、♥34567 花连、7 拖和 J 俘虏，然后等待单张或五路。

以上两例都是单张大牌和三个对子加四把五路的牌型，其合理的首攻就是对子，争取过掉三对子，再展开五路进攻。

牌例 7 ♠2♣2♣A♠A♦Q♣Q♥J♥J♣J♣10♠9♦9♣9♣8♥7♣7♠5♥5♦5♣5♣5♥4♦4♣4♥3♥3。大牌点实力一般，但经过配牌后，五路实力尚可，而且没有单张。缺陷是对子偏多（共有六个对子）。通过配牌后，成为标准的六个对子加三把五路的牌型：♠2♣2♠A♠A♣Q♥Q♥J♣J♠9♦9♥3♣3♦5♥5♦5♣5 ♣78910J ♥4♥4♦4♣4♣7。毫无疑问首攻即一对 3！以后行牌，两将可以随时用掉，也可以五路上手继续对子。

牌例 8 小怪♥2♥2♦2♥A♥A♠K♥K♣K♣K♦Q♦Q♦J♣J♥10

♦10♣10♠8♣8♣8♠7♦7♣6♠5♠4♦3♣3。牌型和牌例 7 差不多，但大牌实力明显较强，尤其是有小怪和三将，所以在单张上也可以主动上将牌。还多了陪怪五 K 及陪怪 10 拖等变化。但不管怎样，首攻对子应该是不二选择。

以上两例都是较为标准的六个对子加三把五路的牌型，首攻对子是唯一选择。而且因为五路较强又没有垃圾，所以两将可以在前期用掉，再继续对子，最后听五路靠同伴放牌。

牌例 9 大怪♦2♣2♣2♠A♠A♠A♦A♥K♥K♠Q♦Q♣Q♣J♥10♠9♦9♣9♠8♠8♥8♣8♠5♦5♣4♣3♥3。一手相当强的进攻性牌。首攻单张似乎是大众选择，但其实标准首攻是三张 Q！因为你的五路实力不算太强，所以必须先发制人，争取尽早打听牌型。如果三 Q 获牌权，则出 99955，争取过 8 拖、A 拖，听大怪三将和♥KK1033，等一路、三路上手。如果三 Q 遭对方三 K、三 A 阻击则上三将，同样 9 俘虏出手，争取打听大怪路子。

牌例 10 小怪♥A♥A♦A♠K♥Q♥Q♣Q♠J♦J♦J♠10♦10♣10♦9♣8♥7♣7♠7♣6♠5♥4♣4♣4♣3♣3。大牌实力较弱，好在牌比较整，五路方面有一把♣花连和一把 J 拖，又轮到首攻，还是有一定的进攻能力。问题是首攻该如何选择？眼见的 44433 可能会成为不少牌手的首选。但其实这手牌的最佳或者说标准首攻应该是三张 4！只要敌方没上三 A，你就直接三 A 抢牌权（不要贪图过三张 10 或三张 Q），如获牌权，则 10 俘虏出手，争取打听小怪沉底，或是陪小怪五张 J 拼牌。即使 3A 被敌方 3 将压制，这手牌仍然不乏头家机会，因为五路最小 10 俘虏，还有花连、J 拖等，是较容易过牌和拿牌权的。况且敌方某家毕竟付出了三将这一较大的代价，为同伴在以后进攻和防守上创造了有利条件。如果小怪换成单张将牌，打法也完全一样，不同的是头家概率大为降低。但同样被抓的可能性也非常之低。

以上两例都是单张大牌和两把三路、四把五路的牌型，其标准首攻就是三路出，争取较大路进，然后五路进攻。

牌例 11 ♥2♥2♦2♠A♦A♣A♦K♠Q♥Q♣Q♦Q♣J♦10♦9♠8♠7♥7♣7♣5♥5♦5♦4♥3♥3♣3♣3。大牌点一般，但牌型甚好，具有较强的进攻能力。稍加配牌后如下：222AAAQQQ555♦9～K花连7777833334。标准首攻：三张5！如能过三Q最好，如遇敌方三K或三A阻击，则上三A或三将，获牌权再三Q出手。由于最小的五路是3拖，只要同伴在短路上有些实力，头家希望不小。

牌例 12 大怪♠2♠2♠A♥A♣A♠K♥K♥K♥Q♥Q♠J♦J♦J♣10♠9♦9♣9♥6♦6♠6♠6♥5♣3♠3♦3。和上一牌例相比，五路实力稍逊，还少了一张将，但因为有一张大怪，所以攻击力还是要强于上一手牌。这手牌不需配牌，就是三路为主加上五路的进攻牌型，首攻毫无疑问是三张3，就算3K等第一轮过不了，由于对子中还有两将上手，仍可打出三路牌型，况且，6拖、A拖都不算小牌，甚至还有陪怪五A的可能。再加上大怪在手，头家的概率甚高。

以上两例都是三路加五路的牌型，尽管这类牌型出现的概率较小，但一旦出现，就往往令对手穷于应付，具有很强的进攻性。

综观上述牌例，其首攻都是各类具有进攻性的标准首攻，犹如桥牌中的连接张首攻，长三、长四首攻等等。其含义、信号都非常明确。当首攻者在以后的行牌中积极、连续地跟牌或争抢牌权，说明其有很强的争头家能力，其余两位同伴应全力配合，力争使首攻者尽早听牌，抢夺头家。

② 选择性首攻

标准性首攻在大怪路子牌局中出现的概率大约在三分之一左右。那么大多数情况下，首攻者的持牌就有可能是大牌点较多，但牌型散乱、缺乏进攻能力，或暂时无法进攻，需要逐渐修整。也有可能首攻者手持一手比上不足比下有余的中游牌，在牌局中扮演配角，协助同伴进攻或者防守。或者是首攻者有较强的进攻能力，但手数较多，需要在以后行牌中逐步修整再打出牌型。再有可能就是首攻者拿到一手大牌点较少、手数较多、五路不强的活命牌。面对这些散乱牌型，首攻是没有定论的，单张、对子，甚至光三均可选择，而五路首攻一般是不予考虑的。所以，这里所说的选择性首攻，就是短路首攻的选择。由于首攻者缺乏进攻能力，因此他的最大愿望就是能够使首攻有助于同伴的进攻，也就是说打到同伴的路子上去。当然，这还需要一些运气。应该说，在选择性首攻上，初级牌手和有经验牌手还是有较大差距的。我们希望通过下面的牌例，使您在首攻的选择上能尽量做到完美。

牌例 1　大怪小怪♣2♣2♠A♦A♣A♠K♦Q♣Q♠J♠10♥10♣8♠7♥7♥7♥6♠5♥5♠4♣4♣4♣4♣3♥3♣3。大牌点有大小怪两将三A，自保基本不成问题。但五路较弱，而且牌型不整，需慢慢修理。在首攻选择上，单张是最为合理的选择，所以合理的首攻即单张8，单张6可以搭4拖，也还有配♥垃圾的变化（如果同伴需要五路）。单张8以后，如敌方将牌阻击改对子攻击，你就乘势以QQAA阻击，把牌定型为：♠陪小怪10～A花连，44446，77755，33310大怪，22，此时就已具备一定的攻击能力了。如果首攻单张8后被上家K（A）顶住，那只能 pass（两张将牌一般不宜上来分打）。K（J）能过，那就不配花连，把小怪腾出，看以后行牌情况，再伺机进攻，或配合同伴进攻，或专注以后的防守。

牌例 2 大怪小怪小怪♠2♦2♠A♣A♥K♠Q♥Q♣Q♠J♥J♠10♥8♥8♥7♥7♠6♣6♠5♥5♠4♣4♠3♥3♣3。大牌实力较上例更强。但五路较弱，如不加以配牌，手数甚多。好在有一大怪两小怪、2将、2A 等大牌，还是有一定的进攻能力。但在首攻的抉择上，还是较难的，因为这一手牌，一旦首攻，整手牌就会定型。绝大多数牌手可能会认为：对子首攻是显而易见的，因为它既保持了一定的进攻性，同时也为以后的防守做好了准备。但我们认为，对子首攻还是偏于消极，当然，对子首攻，同伴能接手，担当进攻责任，那是最好的结果，但由于你手持三怪两将，又是首攻者，所以由你担当进攻角色，还是较为合理的。因此，把牌配成五路进攻牌型，用一张小怪和将牌来提升五路强度，是更好的选择。那么，首攻就应该是 3~7 杂顺，手听♥K8873、QQQ10 小怪、♠2~6、大怪小怪将牌 AAJJ。在五路进攻上，如同伴能接手，那你的牌仍有一定的灵活性，可以配合同伴争抢头家。如同伴无力进攻，那你只能上陪小怪 Q 拖和花连，争取打听大怪小怪将牌和 AAJJ，或者争取过对子，打听大怪小怪将牌和♥垃圾，争抢头家。

牌例 3 小怪♦2♦2♥A♥A♦A♦K♠J♦J♠9♥9♥9♦9♦9♣9♣8♦7♦7♣7♠6♣6♠5♣5♥3♦3♣3♣3。大牌实力一般，牌也不整，多对子和单张，好在五路实力较强，有一把花连和五张 9，如敌方五路不是太强，同伴也有足够的支持，则头家有望。那首攻到底是单张还是对子呢？可能大多数牌手都会选择单张首攻。理由也简单，三个单张先出一张，争取过 K，将来还有打陪小怪五张 3 的可能。殊不知，你五路中已有花连和清五，再用陪小怪清五，有重复之嫌；更何况，首攻单张，要过 K 的可能性也不大。所以选择♦7♦7

首攻是非常合理的，如 JJ 被顶住，则可 pass，再等待过 K 或五路。如过 JJ 则上 22，然后 33335 出手，过花连和五张 9，听 AAA 小怪 K 和 6，打听假的大怪路子。而此时五张 9 拿牌权的可能性非常大，就可以单张 K 出手，听 AAA 小怪 6，等待同伴放牌。当然，如果这手牌的小怪换成了大怪，那首攻就该是单张 5！因为基本上排除了陪怪 A 拖的可能，所以单张是首选，能过 K 最好，过不了则等过对子和五路，争取打听大怪路子。这也是大怪和小怪的本质区别，大家可以细细体会。

牌例 4 大怪♠2♥K♦K♠K♣Q♣Q♠J♥J♦J♥10♣9♠9♠8♠6♠6♣6♥6♥5♦5♦5♠4♥4♣4♠4♥3♥3♠3。牌力一般，五路不强，头家希望不大。但因有一张大怪和将牌，又是首攻者，所以末家也基本没有可能。关键在首攻的选择上，大多数牌手（尤其是初级牌手），会选择俘虏首攻。但问题是五路首攻，要过掉一把俘虏和两把小拖的可能性是极低的，反而会给同伴造成误判和给敌方过小五路再五路进手的机会。这手牌既不具备进攻性，同时也不属于保命的牌，所以首攻五路是非常不合适的。那么单张和对子首攻又如何呢？首先，整手牌只有两个单张，可以搭到两把小拖中去，所以首攻单张就等于浪费一个出牌权，而且还要消耗自己的单张将牌，毫无意义。其次，对子最小一对 8，首攻对子也会造成同伴错觉。所以 333 首攻是最好的选择，如能过 JJJ（不拿牌权也没关系），将来再过两对（等于消化了两把小俘虏），以后在五路上再过两把小拖，或许还有头家希望。总之，小三路首攻，一来不会发错信号，二来也可以给对手争夺头家制造些障碍。

牌例 5 ♠2♣2♣A♥K♥K♠Q♥Q♥10♥9♣9♣9♠8♦8♠7♠7♥7♦6♣6♥5♦5♦5♣5♣4♥3♦3♣3。两将独 A，五路较弱，牌

也不整，属于争取不做末家的牌。初级牌手可能会选择 33366 首攻。理由也简单，小俘房太多，先出掉一把再说。有一定牌力的牌手则会选择单张 4 首攻，因为手中有三个单张。而经验丰富的牌手一定会选择三张 3 首攻。首先，这手牌有四把光三和三个对子，三张 3 出手如能再过掉一把光三，基本上就等于混掉了两把小俘房（过掉两 K 是大概率）。其次，光三首攻犯错的可能性较小，传递的信息也较明确（一般光三首攻者，五路实力都不是很强）。所以，三张 3 首攻，如能回手过三张 Q，获牌权的话再处理单张，牌就慢慢修整了，手中剩两把俘房、一把 5 拖和 KK22，头家不谈，活命的可能性还是很大的。如三 Q 未获牌权，那也关系不大，将来混单张和小俘房，靠两将和同伴的救助，还是有机会保命的。最主要的是，通过首攻及后续行牌，在争抢头家方面，同伴对你是不会抱有多少期待的。

牌例 6 ♠2♥A♥A♦A♣A♠K♥K♦K♠Q♣Q♥Q♦J♠10♠10♣10♠9♦9♠8♠7♥6♠6♣6♠5♣5♠4♦3。单张将牌，单张又多，五路也不太强，属于典型的活命牌。幸好轮到首攻，应该好好珍惜这一机会，争取不做末家。这里还涉及配牌技巧问题，不少牌手可能会把牌配成♠垃圾和两把俘房及 6 拖、A 拖。所以，首攻必然是单张 3，争取将牌回手。而你一张怪都没有，单张将牌获牌权的可能性也不大。如此一来，活命的机会就渺茫了（因为垃圾在手）。所以，为争取最大的活命机会，应该把牌配成：♠K8742、10、Q 两把俘房和 6、A 两把拖，净多两 K（注意：不要配成♠10 或 Q 带头的垃圾，要把对子留成最大的两 K）。那首攻就是♠垃圾 3，以后俘房和 6 拖能过则过，A 拖尽量不要过早打掉。除了对子和五路，其余一律 pass，很快同伴就会明白，你是一手活命牌。如你的上家同伴是一手很强的牌，或许你还有抢得头家的可能。但不管怎样，♠垃圾出手后，活命应该问题不大。

以上是个别为活命（非进攻性）而不得已选择首攻五路的牌例。在绝大多数情况下，选择性首攻均应该是短路而非五路。首攻五路，在绝大多数场合下，都是进攻信号！这一点是所有牌手都应该掌握的。

进攻中的若干技巧

从某家首攻第一手牌开始，"大怪路子"对战双方便拉开了进攻（争头家）的序幕。一般而言，对战双方中总有一家综合牌力较强而担当主攻的角色，另外两家同伴则全力辅助，配合进攻。在争抢头家的过程中，对战双方的主要目的，就是尽早使己方主攻者入局，打听某类牌型（好比麻将游戏中的"听牌"），或竭力阻止、延缓敌方入局，打听某类牌型，以利己方争抢头家。因此，在进攻阶段，双方的拼抢往往会非常激烈，大牌消耗也往往较大。而除了以牌力作为支撑以外，如何充分运用进攻中的若干技巧，也是衡量一位牌手牌技水平高低的主要依据。手握"天牌"，争夺头家如探囊取物，进攻技巧不足挂齿。但在牌力相当的情况下，对进攻技巧掌握的熟练程度，则对最终结果有着决定性的作用。以下将一些进攻中的常用技巧予以介绍、分析，希望它能帮助到您，不断提高"大怪路子"的进攻能力。

① **进攻线路要清晰**

在"大怪路子"的进攻阶段，任何一方的进攻都要注意进攻的线路和节奏。主攻方的第一要务，就是在保留顶级大牌的情况下，及时过牌，争取尽早听牌（如听大怪路子、三将或两将路子等）。而其同伴，则要全力辅助，一旦主攻者"听牌"，便不惜消耗大牌，放送同伴争抢头家。在激烈的头家争夺战中，主攻者的行牌往往至关重要。因为对方会千方百计制造障碍，延滞你的听牌时间。你要合理设计进攻路线，力争先于敌方听牌。抑或即便敌方抢得头家，也要让其同伴在大牌上有较大消耗，为后面的防守战创造有利条件。请看几副双方主攻者激烈争抢头家的牌例。

牌例 1 一号位首攻，持牌为：大怪小怪♦2♠A♠A♥A♦A♣A♥K♣K♠Q♠Q♣Q♦J♥10♥8♦8♣8♥7♣7♥6♥5♦5♠4♦4♦3♣3；二号位（对方主攻者）持牌为：大怪小怪♥A♦A♣A♠K♠K♦K♣K♥Q♦Q♦Q♣J♣10♦10♣10♥10♥9♠8♠8♦8♣7♥6♥5♦4♦3♣3。其余四家的牌力大致为：三号位有一大怪四将牌，其余牌较散；四号位有一小怪两将牌五张 9 和 7 拖；五号位有三将和一把 J 拖；六号位仅有两将和 8 拖。总体牌力一、三、五号位稍强，又是首攻方，故争抢头家的机会稍大。一号位为使整手牌更具攻击性，把牌配为♦A2345 花连、A 拖、陪小怪 Q（8）拖、Q（8）俘虏、34567 杂顺、大怪和 J。显而易见，合理的首攻便是 3~7 垃圾（假如首攻单张 7 或 10，让下家过 J 上大怪，先发动五路进攻，则二号位抢头家的机会倍增）。现在二号位过 5~9 垃圾，四号位 4 俘虏，六号位顶 J 俘虏，一号位陪小怪 8 拖，二号位 10 拖，一号位 A~5 花连，二号位大小怪要防上家两将而选择 pass，四号位五张 9 拿牌权出单张 3，五号位 7，六号位 9，一号位过最大的单张 J（如过 10 让下家过 J，那下家有可能先上大怪，再 Q 俘虏出手，靠陪小怪五 K 拼牌。尽管最终头家还是一号位，但三号位的陪大怪五将必然全部消耗而最终被抓），二号位单张 J 被顶无奈只能 pass，四号位将牌，一号位顺势大怪，然后 Q 俘虏出手，打听 A 拖。下家顶 K 拖（假如顶住拿牌权，便可一对 3 出手，打听大小怪 AAA，QQQ88，然后希望同伴五路顶住，靠陪两怪五 A 拼牌），结果一号位巧过 A 拖，争得头家。本例的要点就是，首攻必须是五路，如首攻小单张，让下家过 J 上大怪，先发动五路进攻，则头家机会基本丧失。也就是说，如果是二号位首攻，则二号位抢得头家基本上是铁板钉钉。原因就是在五路上，二、四、六号位的实力稍强于一、三、五号位。

其次，五路过牌一定要坚决，陪小怪 8 拖并不足惜，一定要争取花连或 A 拖拿一手牌权，再单张 J 听大怪路子，或是五路全都过掉，听大怪和 J。再者，对方五路上手放小单张，到你面前时，一定不要贪小便宜过 10，否则，你的同伴将被你害惨。可以毫不夸张地说，你的单张 J 对三号位来说是救命的。

牌例 2　一号位和六号位为双方主攻者，其持牌分别如下：一号位持牌：小怪♠2♠A♥A♥A♦A♣A ♥K♣Q♣J♦10♣9 ♠8♥8♣8♦8♦7 ♥5♥5♣5♠4 ♣4♣4♣4♥4♥3♣3；六号位持牌：小怪♠2♠2♦2♦2♣2♠ A♥A♣A ♠K♦K♦K♣K ♠J♥J♦J♣J♠9♥9♠8♣8♥7♥4♠3♣3♣3。其余四家大致牌力为：二号位仅有两将，对子、俘虏牌型；三号位有两将和五张 6，散牌；四号位较强，有两大怪一小怪和两将，五路有一把 3 拖和陪怪花连，牌不整；五号位有一大怪和六张 Q 四张 10，同样牌不整。从明牌角度讲，毫无疑问，二、四、六号位明显强于一、三、五号位，尤其是六号位，牌整五路强，再加上有四号位的短路支持，头家应该说是情理之中。现在一号位首攻 5 俘虏，二号位跟 7 俘虏，三号位 pass，四号位 3 拖，五号位 10 拖，六号位 J 拖，一号位五张 4，其他几家均 pass，轮到六号位选手，该如何应对？此时有三种选择：① 陪小怪五 A；② 陪小怪五 K；③ pass。实战中，他作出了正确的选择：pass。一号位再出 9 ~ K 垃圾，六号位 K 拖，三号位五张 6，六号位陪小怪五 A，再 3 俘虏，五将翻牌，一对 9 交班，兵不血刃地抢得头家。应该说，结果很正常，但过程还是有很多问题值得探讨。首先，一号位首攻五路，四号位 3 拖，五号位 10 拖帮忙，完全没有必要，因为五号位持牌非进攻牌型，你的 10 拖很有可能堵住了一号位的小拖（如一号位边 3 拖都要不了，那基本上属于活命的牌或者是首攻失误）。事实上，五号位的 10 拖非但恰巧顶住同伴的 8 拖，而且还为他人作嫁衣，六号位上 J 拖顺理成章。结果轻轻松松抢得头家。如果五号位不上 10 拖的话，那情况就会有变化，因为可能会有部分牌手认为自己牌力强而不愿意用 J 拖压住同伴的 3 拖，如此一来，一号位过了 8 拖，此时，四号位就可能陪小怪拖或花连之类的五路。无谓的消耗不说，关键是可能还顶住了六号位的 J 拖、K 拖，一号位再五张 4 上手，手中听小怪 2、五 A 和 9~K 杂顺。而六号位手中还是二十七张牌，尽管可以陪小怪五 J 压住，但接下来手中还有五将、A 拖、K 拖、3339988，看上去只能出一对 8，一号位陪小怪两将，四号位不得已只能两怪压住（否则打听五 A，头家不可阻挡），接下来，三号位两将上手，放五路，六号位还得上 K 拖，一号位五 A，六号位再五将压制，三张 3 出手，听 A 拖和一对 9（3 俘虏是断然不能打的，一号位出手就是 5 俘虏），此时谁做头家姑且不论，但六号位极有可能成为末家，因五号位如上手放小五路的话，六号位的 A 拖还将被三号位的五张 6 带走，最终打听一对 9。即使同伴抢得头家，但一对 9 明显小于一号位的 910JQK。头家成末家的悲催故事就此发生了。综观整个牌例，主要焦点就在于六号位的 J 拖上，这缘于一个牌手对牌的理解程度，其实六号位的牌就是标准的进攻性牌型，因为整手牌就是靠五路争抢头家，所以，当五路到你面前时，你的 J 拖、K 拖要把它们当成是 J 俘虏和 K 俘虏，毫不犹豫地过掉。你的目标是，在尽量不消耗同伴大牌的前提下，抢得头家。当你的J拖压在同伴的3拖上时，就明白无误地告诉同伴，我是抢头家的牌，在我听出牌型之前，尽量不要挡我的牌。另外，行牌过程中，让一号位五张4出牌是节奏，等过了K拖后，再五A顺便带走三号位的五张6。还值得注意的是，当你五A上手时，不要出一对8，因为这有可能消耗同伴的大牌，而实际上你是根本不用同伴放牌的。所以就简单地33399出手，五将牌一对8交班完事。而作为一号位来讲，由于你是在对方主攻方（六号位）的下家，六号位以J拖打在同伴的3拖上，应当引起足够的重视。所以当五张4上手时，应当先把陪小怪两将打掉（如果是大怪的话，就打单张将牌，和上家听不一样的牌型）。四号位见同伴J拖都在过牌，极有可能以大小怪管住（尽管本例牌一号位是无论如何都抢不过六号位的），这样一号位的目的也达到了，因为对方为了顺利地抢得头家，毕竟付出了两怪的代价，而他手中的十五张牌，也基本上不会成为末家。

从牌例2我们可以看出，进攻线路的设计及进攻节奏、双方主攻者的位置等等，对于争夺头家都是非常重要的因素。像本例一号位虽然牌型五路较强，又是首攻者，但碰到对方的主攻者（六号位），也是2+5×5的牌（关键是有两把定位五路五A和五将，而且次级五路也是J拖和K拖），又正好位于一号位的上家，所以，只要过了J拖和K拖，头家就轻而易举，毫无悬念。而唯一有变数的是，当四号位同伴3拖时，六号位在五号位pass的情况下，J拖是否要过。作为一名有经验的牌手，首先要对牌局有一个清晰的判断，由于敌方作五路首攻（进攻信号），而六号位也恰巧是靠五路争夺头家的牌型，所以，J拖、K拖要当成多余的手数，及时过掉！当过了J拖，就等于向所有人发出信息，我是争抢头家的牌！而当一号位五张4时，六号位 pass，是正确的节奏。因为绝大多数情况下，一号位还有两把小于 J 拖的五路，一定要等过了 K 拖，再陪小怪五 A 上手，一举奠定胜势。万一作出了陪小怪五 K 的最差选择，遭二号位五 A 一击，头家都有可能逆转！退一步讲，就算是最终一号位仍然抢得了头家，但其四号位同伴必将付出惨重的代价（有兴趣的读者不妨自己演绎一下）。而作为一号位来讲，由于位置不利（六号位的下家），并且六号位已经发出了明确的进攻信号，所以当五张 4 上手时，唯一正确的选择应该是陪小怪两将空扔。在本例四号位有三怪的情况下，很有可能消耗掉大小怪，再送六号位争得头家，而一号位的五 A，在接下来的防守战中，仍然可以发挥很大的作用。

再看下面这副牌，也是"大怪路子"中较为常见的牌例，一号位和二号位为双方各自的主攻者，一号位首攻。

牌例 3　一号位持牌：♦2♦2♥K♠Q♥Q♦Q♣Q ♠J♥J♦J♣J♠10♣9♠8♥8♦8♣8♠7♣6♦6♠5♥5♠4♥4♣4；二号位持牌：小怪♣2♦A♠A♣A♠K♣K♦K♣K♦Q♥Q♥10♦10♣10♠9♣9♦7♣7♠4♥4♣4♠3♥3♦3♠3♣3。其他几家大致持牌为，三号位一小怪三将 2A，没拖；四号位仅两将两 A 和一把 10 拖，典型的保命牌；五号位两大怪一小怪独将独 A 和一把 7 拖；六号位一大怪三将五 A，没拖。总体实力双方相差不多，但关键在于轮到一号位首攻，又持进攻型牌。经过合理配牌，拆 8 拖，把整手牌配成五 J、Q 拖♠6～10 花连、8 俘房和 4 俘房，净多两将。首攻毫无疑问，4 俘房。二号位的牌看上去不是很整，他最希望首攻单张（或小光三），如能过 Q 上将牌，那是最理想的情况。假如单张将牌拿牌权，便有很大的机会抢得头家。但现在一号位先行五路进攻，二号位必须作出相应调整，把牌配成♠K♠K♦K♣K、♠3♥3♦3♣3♠3、♥10♦10♣10

◆7♣7、♠9♠9◆9♣4♥4、◆AAQ43、单张小怪和将牌。现在第一手过 9 俘虏，四家均 pass，一号位 Q 拖搭单张 K，较明显的两将加五把五路的牌型。二号位上五张 3，被上家五 J 管住。此时二号位长考，五 K 究竟该否跟上。相信会有半数以上的牌手选择 pass，他们的想法一定是，我还有一把 10 俘虏和一把◆垃圾，五 K 下去再出垃圾，听陪小怪两将和 10 俘虏在一号位下家也没用，所以等过了 10 俘虏再上五 K 也不迟。却不知这一 pass，给了一号位机会，只要选择正确，头家将归一号位。此时如果出 8 俘虏，那差不多等于还原，二号位过 10 俘虏，一号位花连，二号位五 K，然后陪小怪两将，五号位两怪再对子也没用，因为六号位可以两将阻击，然后一把垃圾把同伴放走。那么，一号位在剩十二张牌的时候，空打花连，听两将和 8 俘虏如何？这种打法更不合理，因为两将不过关的可能性很大，那样的话，听一把 8 俘虏被抓都有可能。所以最佳打法应该是空扔两将（因为你五 J 时下家长考，说明他有一把超强五路，当然，一定还有两把较小五路没有过掉）！然后 8 俘虏，听 6 ~ 10 花连。这样就算给下家过一把五路，但以后对方五路的桥断了，头家应该没有问题。其实，根据这副牌的实际情况，头家确实应归二号位。问题出在哪里？问题就在于一号位五 J 时，五 K 一定要下！这就等于剥夺了一号位作出正确选择的机会。回顾二号位第一把 9 俘虏时，一号位上的是 QQQQK，很明显，他手中还有一把小于 9 俘虏和大于 Q 拖的五路，所以五 K 一定要管住。只要六号位同伴在短路和五路上有些实力，头家有望。另外，一号位还有可能是这样的极端牌型：五将、8 俘虏和两 A。所以五 K 压制，绝对正确！在五 K 拿牌权后，如何继续行牌，又是一个非常关键的选择。高手的选择，一定是空扔陪小怪两将，听 10 俘虏和◆垃圾，与一号位牌型错开。本例因六号位有一大怪三将和五 A 的支持，即便二号位的陪小怪两将被压也没有关系，只要六号位能放出两把垃圾，头家就不会旁落。所以，合理的结果就是：二号位头家，然后"白斩"得 1 分。而如果让一号位抢得头家的话，那四号位被抓的可能性是相当大的。所以，这副牌最关键的两点就是五 K 压制五 J 和空扔陪小怪两将，然后一切迎刃而解。

牌例 4 一号位首攻，持牌为：大怪♠2♥2♣2♠A♣A♠K♠K♠Q♠J♥J♥J♦J♣J♠10♠10♣10♦9♦9♥8♣8♥5♣5♥3♦3♣3♣3。较为典型的三把五路加对子的牌型，首攻一对 8 没有问题，二、三号位 pass，四号位一对 J，五号位 pass，轮到你（六号位），持牌为：大怪♠2♦2♠A♥A♥K♣K♠Q♥Q♦Q♣Q♣Q♦J♥10♠9♠8♥8♣7♣7♠6♠5♣4♦4♣4♥3♥3，该怎么打？四个选项：pass、22、AA、KK，如果依次打分的话，那就是 0 分、2 分、10 分、5 分，道理其实也简单，其实你也是多 22、AA 和 KK 三个对子，如果你不上的话，就是多了手数，那上 KK 的话，如果下家 AA，你的 22 是否管住？你的一对 A 尚未过掉，所以上 A 一对是最佳选择，如获牌权，则 7～J 垃圾出手。像本例下家（一号位）一定会 22 压住，继续一对 5，此时你再过 KK 是大概率，下家 AA，你再 22。此时同伴上 22 就大煞风景了，一般而言，此时，都应该让过，你上 22，然后 44433 出手，过 ♠4～9 花连，再 5Q，听大怪和 7～J 杂顺，头家唾手可得。此例牌型也是实战中常常会碰到的，就是一方对子首攻，另一方的主攻者大怪、22、AA、KK 和四把五路（其中有两把是易过或者较强的五路），此时，上一对 A 是标准打法，因为你一上来就 AA（像本例 AA 压在自己朋友的 JJ 上），只要对方有两将，十有八九是不会让你上手的。对方 22 上手后，如他是属于非进攻型牌，则回放对子的可能性很大，此时再过 KK，上 22，五路出笼，直奔大怪路子而去。如果牌例 4

中没有大怪，而是3张将牌，此时，在对子上上AA就不合理，绝对应先上KK，一对K不拿牌权没关系，以后对方再对子，你上AA拿牌权的概率就大很多，因为你没大怪，所以目标是奔着三将路子去的。AA如果拿牌权，则五路出击，靠花连、五Q和三将，争抢头家。如果AA被压，那只有希望五路上花连和五Q拿一手牌权，然后打听三将路子，靠朋友帮忙。

牌例5 这是实战中出现的较有意思的牌例。由一号位首攻（他也是有一定水准的牌手），持牌如下：♥2♦2♠A♠A♥A♣A♣A♦K♣K♠Q♥Q♥Q♦Q♦Q♣Q♥9♥8♦8♠7♥7♦7♥7♥6♣6♥5♥5♠4。其他牌手大致持牌：二号位两大怪一小怪独将独A三K、五张三，其余散牌；三号位一大怪两将牌，牌不整；四号位一小怪独将独A，保命牌；五号位两将三A，有把花连和K拖；六号位一小怪四将两A，一把J拖和一把10拖，牌不整。一号位首攻♠7♠7，手听22KK五A六Q、♥5~9花连和4~8杂顺，拆掉7拖，把牌配成三对半和四把五路，相当合理。首攻以后，二号位一对10，三号位一对J轻碰，其余三家pass，他上一对K（没有问题）。轮到六号位一对A，他一对将牌上手，五家pass，此时，他出单张Q，手听五A、五Q和5~9花连、4~8杂顺，二号位过A（他上将牌无牌可出），三号位上将牌，其余人均pass，三号牌手见一号位同伴整手了，就放了一把3俘房，下家跟进4俘房，五号pass，六号以10拖阻击，他♥花连，二号位五张3，他五Q，二号位考虑了很久，上两怪五K（决定性的一击），他也果断上了五A，然后心中默默祈祷。轮到六号位牌手（一位有经验的牌手），他判断下家最多是一把3俘房，甚至可能是垃圾（因为他出过一把5~9的花连，再说同伴陪两怪五K都已上了），所以，果断地把陪小怪五将压了上去。兴许大家会认为，一号位这位老兄也太背了，花连、五Q和五A一手牌权都没有拿到。确实，发生了小概率事件，但其实也是他自讨苦吃。关键就在于他两将上手以后，垃圾没有出笼，他这手牌，垃圾是绝对要跟着两将走的。高手打牌，有一句口头禅："两将上手，垃圾出笼。"这其实是很有道理的，试想一下，如果他两将上手，4~8出笼，结果会怎样？同样的过程，你花连，下家五张3，你五Q，听五A和单Q，下家牌再大，想必此时也没有勇气下陪两怪五K吧（自己同伴没有任何一家听张），就算他真的上了，你再五A，就算六号位陪小怪五将压上，你听单Q，也绝无可能被抓。所以头家毫无悬念。而随后，三号位和五号位还有很大的可能把对方四号位抓住（四号位是一手绝小的散牌）。实战结果，一号位听一把4~8杂顺，其同伴再怎么努力，也无济于事。所以，本例的关键，就两将上手，一定要垃圾出笼。再举个例子：你手听五A、2~6杂顺和一对9，上家十张牌，你手握牌权，该如何行牌？很明显，绝对是2~6出笼，然后五A奔牌。五A过关，总归头家。而事实上，上家是陪两大怪五将和一把同花垃圾，头家永远是他的。但区别在于，你随后五A奔牌，上家五将走人，你听2~6杂顺，就必须等吹上家同伴的风了（上家没有A~5的最小顺子）。所以只有一种情况你必须出一对9，听十张，那就是下家是五张牌，你坐等5A拼牌。

牌例6 一号位首攻，持牌为：♦2♣2♣2♦A♣A♥K♥K♣K♣K♣Q♥10♠9♥9♥9♦9♣9♠8♦8♣8♦7♠7♥6♠4♥3♥3；对方主攻者二号位持牌：♠2♣A♠A♥Q♥Q♠J♠10♠10♥10♣10♣♠9♠8♠7♣7♦6♦6♠5♦5♥4♥4♦4♣4♠3♣3。其他四家大致牌力：三号位一小怪两将独A，一把J拖及陪小怪5~9花连，牌不整；四号位有两小怪两将独A，一把5拖，牌不整；五号位一大怪两将三 A 三 K，没拖；六号位两大怪独将牌，五路有 A 拖和 3 拖。一号位经配牌后，整手牌为：222AA77、五张 9、K 拖、8 拖和♥109633 垃圾。很明显，首攻一对 7，争取过一对 A，然后朝着三将路子的目标而去。二号位 pass，三号位一对 8，四号位一对 Q，两家 pass，一号位如愿过掉一对 A。二号位上一对将牌，然后 66633 出手，手听♠7～J 花连，10 拖、4 拖和一把 Q 俘房，两家 pass，五号位过 7 俘房，六号位 pass，此时，一号位手听三将和五张 9、K 拖、8 拖和♥垃圾四把五路，该如何应对？绝大多数牌手都很自然地过 8 拖，二号位顺势 10 拖，三号位陪小怪 5～9 花连，二号位 7～J 花连，一号位五张 9，六号位陪大怪五 A，再放垃圾，一号位 K 拖，四号位陪小怪五张 5，再放五路，五号位陪大怪 K 拖，六号位再陪大怪五张 3，继续五路，二号位过 Q 俘房，三号位尽管 J 拖可以上手，但由于四号位还有一小怪两将牌可以上手，所以，五号位和一号位再也无法阻挡二号位的 4 拖。二号位在同伴的鼎力相助之下，艰难地抢得头家。其实，这副牌一号位是有很大机会抢得头家的。问题出在哪里呢？问题就出在五路阻击的顺序上。实战中，一号位（一位有经验的牌手）在五路行牌上稍稍改变了一下顺序，结果完全不同。当五号位 7 俘房时，他直接以 K 拖阻击。同样下家 7～J 花连，他五张 9 压制，手听三将 8 拖和♥垃圾。而下家（二号位）尚听三把五路。此时就给了一号位很大的压力，毕竟五 A 是要陪大怪的，况且同伴至少还有三手牌，对方其余两家的五路实力又不明。再说一号位是首攻一对 7 的，手中很可能是多对子的牌型（他在 7 俘房上直接以 K 拖阻击）。所以大多数情况下，一号位应该是短路实力较强，可能还有一把较强五路（如小于 7～J 的花连）。考虑再三后，六号位选择了 pass。而当五张 9 拿牌权后，接着如何行牌，又是一个问题。一般牌手会打 8 拖听三将路（这样还不如上来就 8 拖阻击）。由于刚才六号位的长考，而下家应该听三把中级别的五路。一号位作出判断后，选择了空扔三将！然后 ♥ 垃圾出手，打听 8 拖。由于下家尚听 Q 俘房、4 拖和 10 拖，已被上家牢牢锁住，而短路上也非四、六号位所绝对控制，所以只能目送一号位做头家。

此例的关键之处就在于五路上先 K 拖再五张 9，然后空扔三将。有人可能会问，要是 K 拖就拿牌权该怎么办？那再好不过了。由于下家还有二十张牌，你就 ♥ 垃圾出笼，让下家过一把五路，然后再五张 9，听三将和 8 拖。这样仍给上家以很大的压力。因为同伴还剩三把五路，而六号位如果陪大怪五 A 压住后，又没有三将阻击，同伴头家希望不大。假如一号位手听这样的八张牌：小怪 22Q8888，那陪大怪五 A 下去，简直如同扔在水里。所以在绝大多数场合下，pass 是正确选择。

在对方五路进攻时，如你有三把拖以上的五路，先以中间一把五路阻击，是"大怪路子"常用的顶牌技巧。而在五路进攻时，有时也不能按顺序由小到大。例如：你手听 4~8 垃圾，KKKQ 小怪和五 A，对方一把 J 拖到跟前，该如何行牌？如果小怪换作大怪的话，相信会有不少牌手选择先上五 A，假如获得牌权，再 4~8 垃圾出手，听陪大怪 K 拖。但现在是小怪，想必又会有不少牌手过陪小怪 K 拖，再五 A 搏牌。他一定会这么想，即使"牺牲"我一个，也要为同伴创造机会。且不说同伴能否抢得头家，就是抢到了，你已"牺牲"，意义也不大。所以，此时正确打法，还是先五 A，如拿牌权，再垃圾。先五 A 的好处就在于，对方如有陪两怪，甚至三怪五将，一般都是不会压上的，因为你手听十张牌，陪怪五将压上，风险甚大（除非他的同伴已听出牌型）。如上你手听垃圾和陪小怪 K 拖，就算五 A 被压，做末家的风险也很小。当然，如果你判断，五 A 有百分之九十以上的可能过关（比如对方至少有两家动过将牌，或者桌面上将牌已见有七八张了），那就该先陪怪 K 拖再五 A，一气呵成。

总之，在发起进攻时，线路一定要清晰明了。要力争比对手先听出牌型，或锁住对方的牌型（如下家打听大怪路子，上家如有大怪，也要设法打听大怪路子或一大怪一单张；下家听两将路子，上家也要设法听两将路子或两将一单等等）。其次，在进攻时，要尽量减少同伴的消耗而增加对方的消耗，最后即使抢不了头家，也为以后的防守战创造有利条件。

② **进攻中的忍让**

初级牌手和高手有一点区别，就是初级牌手往往是手中的大牌有压必压，对方将牌他小怪，对方小怪他大怪，对方五 K 他五 A……却不知，"大怪路子"非"斗地主"（"斗地主"有时也得忍让）。俗话说得好："退一步，海阔天空""小不忍则乱大谋。"大怪路子"中的忍让，不论在进攻还是防守中，都是常用的战术。至于何时该忍，则是较为高级的技巧，也是低手和高手的区别之一。有时甚至要一而再、再而三地忍让，方能取得成功。请看牌例。

牌例 1 一号位首攻，持牌如下：大怪♠2♠A♠A♦K♣K♥Q♥Q♣Q♣Q♣Q♥J♦J♠10♥10♦9♥8♥8♦8♣8♥7♦7♥6♣6♦5♦5;
二号位（主攻者）持牌为：小怪小怪♣2♣2♥A♥A♦A♠A♣♦K♦K♥Q♣Q♠J♣10♣9♦8♠7♠6♥6♥5♥5♣5♣4♥3。其他各家大致持牌：三号位一大怪三将独 A 和五张 3；四号位一小怪独将独 A 三 K 和一把 9 拖；五号位一大怪两将独 A 和五张 10；六号位三将两 A 三 K 和一把 J 拖。总体实力差不多，但二号位有两小怪两将牌，最主要是有五 A 这把定位五路，而且牌也不散，故头家希望甚大。一号位一对 7，二号位由于有五 A，所以选择先上一对 K，轮到一号位一对 A，二号位选择忍让。完全正确！一号位继续一对 6，二号位再上一对 J，四家 pass，一号位过一对 K。由于一号位出了四个对子，还剩十九张牌，所以二号位果断地两将上手，然后 6~10 垃圾出笼，手听小怪小怪五♥AQ♦Q♥5♥5♦5♣5♥6♥4♥3，下家过同花垃圾，四号位过 6 俘虏，两家 pass，一号位 8 拖阻击，二号位陪小怪♥3~7 花连，下家五张 3，二号位再次忍让（等过陪小怪 5 拖或单张小怪），又是正确的选择。三号位接着放一对 4，四号位一对 8，五号位 pass，六号位顶一对 A，三号位上两将，继续一对 6，四号位由于独 A，便拆三 K 阻击。由于三、五号位无两 A，五号位再上两将恐消耗过大，更何况双方主攻者均未听牌，所以只能让对方放牌。四号位上手后放 3~7 垃圾，五号位过了一把 4 俘虏，六号位 pass，一号位过 5 俘虏（似乎看到了曙光），但二号位过了陪小怪 5 拖，已形成了五 A 搏牌，结果不言而喻。本牌例二号位能够顺利抢得头家的关键之处，就在于首先对上家的 AA 进行了忍让，等过了 JJ 以后，再上 22 发力。其次，在五路上，陪小怪花连被下家五 3 压制时，五 A 再次忍让！等过陪小怪 5 拖后，再五 A 搏牌。尽管五 A 搏牌不一定成功，但一来对手要付出五将的沉重代价，为同伴以后的攻防创造了有利条件。而且，就算同伴没能抢得头家，他最后听单张 Q，被抓的可能性还是较低的。有些初学者可能对将牌一对忍让，等过 J 一对后再发力比较能理解，但对下家五 3 可能会忍不住而直接下五 A，然后再 5 俘虏出手，听单张小怪，抓对手的单张。如此行牌的隐患就在于，假如 5 俘虏后，下家再过一把五路（剩十二张牌），如果牌整的话，就有可能抢得头家（一号位还有大怪和五 Q 的强力支援）。况且，就算抢了头家，单张小怪还要给下家（三号位）"借风"。所以，五 A 忍让更加必要,一定要等过了5俘房(陪小怪5拖)或小怪后,再五A搏牌,如此行牌,胜算最大。

牌例2 一号位首攻,持牌如下:大怪♠2♦A♠K♠K♦K♥K♣K♦Q♠J♥J♣J♣10♦10♠10♣9♣8♦7♦7♥6♥5♠4♣4♥3♥3♣3♣;二号位(主攻者)持牌如下:小怪♠2♣2♦2♥A♠A♣A♣K♥Q♣J♠10♥10♣9♠9♥9♦9♣8♠8♣7♣5♠4♠4♣4♣3♥3。其他四家大致牌力为:三号位一小怪三将两A,五路有把6拖;四号位一大怪独将两A,五路有把Q拖;五号位一小怪三将两A,五路有8拖和7拖;六号位一大怪独将独A,五路有J拖和4拖。总体牌力差不多,但一号位首攻,把牌配整为五把五路,净多一大怪一将牌。一号位首攻5~9垃圾,手听大怪将牌五K四J三10三3和♦AQ744垃圾。二号位过44433(♣垃圾还稍有变化),三号位pass,四号位7俘房,五号位pass,六号位顶4拖,一号位J拖搭3,二号位稍加考虑,然后pass,四号位Q拖,五号位pass,轮到一号位,也迅速pass。四号位拿牌权后,出单张9,五号位Q,六号位A,一号位将牌,二号位稍加考虑(由于有陪小怪五A的变化),再次pass,四号位和六号位由于都是大怪,再说四号Q拖时,一号位没要,所以两家都放行。一号位再次♦AQ744出手,手听大怪五K和10101033,此时二号位果断地过22288,四家pass,一号位五K(听大怪路子),二号位陪小怪五A,再♣KQJ75,然后五9搏牌成功,一对10交班。万一五9不大,那也没关系,因六号位有大怪,所以,一号位的大怪和10101033也奈何不了二号位的一对10。这把牌的关键之处,就在于一号位的J拖和将牌时,二号位都正确地作出了忍让。假如J拖时,你直接上五9,一号位必然会上五K,此时二号位无论上与不上,都很难争得头家。而你五9忍让后,如对一号位的将牌不作忍让而上小怪，那一号位将上大怪，而后形成五 K 搏牌成功。由此可见，在头家争夺战中，主攻者的忍让，有时真的至关重要。

牌例 3　一号位首攻，持牌如下：♠2♣2♠A A♠A♥A♦A♣A ♥K ♥K♣K♠Q♥Q♠Q♣Q♦J♥9♣9♠8♥7♦6♣6♠5♣4♠3♠3♣3。这副牌配牌和首攻几乎人人都一样，那就两将牌加五把五路，首攻也必然是 4～8 垃圾，希望能过 K 俘房再 Q 拖，事实上，第一手五路就遭到了对家（四号位）5 拖的阻击，轮到你上 Q 拖，四家 pass，上家（六号位）以一把花连压制，轮到你时，五 A 忍让也是必然。六号位见你 Q 拖搭 J，所以出单张 3，你 pass，下家过小单张，三号位见一号位单张 3 都不要，判断他是二怪和三把五路的牌，于是果断地上将牌，对方 pass 后，放了一把小五路，四号位又是一把 7 拖。五号位和一号位均 pass，三号位也 pass，四号位继续单张，五号位上将牌，对方均 pass，放一把垃圾，六号位 K 俘房阻击，你过不了 K 俘房，仍然 pass，轮到五号位上了一把 J 拖拿牌权，他作出了正确的判断：一号位可能是一把强五路和两把较小五路，净多两将。所以，改放对子，六号位一对 10，此时，你上两将，对方 pass（对方就算有两怪也很难下手，因为六号位此时已无力阻击一号位的 K 俘房，或者最多能陪怪阻击一次），你如愿 3 俘房出手，然后再过不了 K 俘房，就五 A 搏牌，头家十拿九稳。此牌例的要点就在于五 A 一定要忍让，而两将在对子上要毫不犹豫地压上，道理很简单，五 A 过关的概率要大于两将过关的概率，所以无论是手听十七张牌或是十二张牌时，都是先上两将，再五 A 搏牌，而非先五 A，再两将搏牌。

牌例 4　一号位首攻，持牌如下：♠2♥2♦2♠K♠K♦K♠Q♥Q♥Q♥J♦10♦10♣10♠9♥9♣9♣8♣8♥7♦4♣4♥4♥4♥3♥3。较为典型的四把三路和三把五路的牌，首攻明显为三张 3 最合理，之后，二号、三号位 pass，四号位三张 7，五号、六号位 pass，你三 10，四号位三 J，你三 Q，下家（二号位）三 A，到你跟前，三将是否下？由于手中尚听三把五路（最大也仅是 9 拖），故必须忍让，然后就等过两把五路，听三将路子。如果手中的三把五路换成是 Q 俘虏、9 拖和五 4，是否该忍让？我们主张也是忍让为上，因为，忍让的好处就在于放便过五路，而五路终归会到来，打听三将路子，将大大增加对方的阻击难度。况且，如果对方三 A 上手出单张，到你跟前你还可以分一张将牌，把牌型转为两将路子，由于你最小的五路是 Q 俘虏，所以，完全无需担心两将被对方两怪压制。总之，在三把三路过后，三将必须忍让！然后等过五路，听三将路子或者在单张上分一张将牌（如果是自己朋友出单张，将牌还是不分为好），再五路，听两将路子，等同伴放牌。如果三把三路过后，手中听 Q 俘虏、五张 4 和五张 9，那三将（哪怕是陪小怪三将）就该毫不犹豫地压上，因为你俘虏出手，听两把清五，没有任何其他变化，所以，即便一下子走不了，但只要同伴有点实力，头家应该不成问题。

下面这副牌例和前几副有所不同，它并非是大牌忍让，而是基于牌型特征所作的忍让，实战中，很多牌手往往会作出错误选择。

牌例 5 一号位首攻，持牌如下：大怪小怪♥K♥Q♦Q♣Q♣Q♠J♥J♦J♣J♠9♥8♠8♣8♠8♥6♣6♠5♠4♥4♠4♠3♣3♣3；二号位（主攻者）持牌：大怪♦2♥A♦A♣A♣A ♠Q♦Q♦J 10♠10♦10♣10♣10♣9♥9♠8♥8♥7♥5♠4♣4♣4♣3。其他几家大致牌力：三号位一小怪三将和 2A 一把 5 拖；四号位较弱，仅两将独 A 和一把 6 拖；五号位一小怪三将两 A 和一把 9 拖；六号位一大怪三将两 A，五路有五 K 和一把花连。一号位首攻 4 俘虏，二号位虽有五 A、五 10，但小对子甚多，所以果断拆了五 10 把牌配整为：大怪

2AAAAA，♦8~Q花连，10拖，4俘虏和♠Q9853垃圾。由于一号位首攻4俘虏正好和二号位碰头，故二号位干脆以10拖阻击，四家pass，一号位Q拖，二号位8~Q花连，四家pass，一号位见下家如此凶猛，直接上了五J，二号位也毫不松手，五A压住并获牌权，然后♠垃圾出笼，三号位pass，四号位以6拖阻击，轮到一号位8拖，手听大小怪K3333，而下家听大怪2和4俘虏。此时六号位花连管住，三号位和五号位见一号位和二号位都剩七张，而且自己朋友又是上家，故陪小怪清五都没下。六号位此时出单张小3，此时，有相当一部分的牌手会忍不住过单张K，听大怪路子，此时，二号位见上了将牌、大怪路子听在对方后面，永无头家之日，故选择pass，寄希望六号位有大怪，再传对子，靠陪大怪两将搏牌，结果六号位果然有大怪，然后放对子，二号位陪大怪两将奔牌，一号位空有两怪（压住的话手听四张3，等待"借风"都走不了），只能目送二号位抢到头家。此牌例的关键之处，就在于上家单张小3时，一号位没有忍住，由于你是两怪路子，应该可以管住下家的两将路子，所以必须以静制动，单张小3时，选择pass，而此时二号位必过将牌，听大怪路子，此时如同伴有大怪，那放两路，必头家。如同伴都pass，那你可上大怪扔3拖，听单张小怪，由于四号位和六号位两家都没有小怪，所以桥断了，二号位的大怪路子永远没法在一号位之前走掉。那么一些有点水平的读者可能会问，六号位花连时，上陪小怪五张3如何？应该这样说，如果你手中听大小怪23333，那绝对应该陪小怪五张3，但此处不行，因你陪小怪五3后，听大怪K，六号位五K后可一对A过桥。总之，这副牌的关键之处就是对单张小3的忍让，保持和下家同样的牌型，一旦下家过牌，则立马上大怪，然后扔3拖，听小怪，封锁下家。

从以上几副牌例不难看出，大牌"忍让"是"大怪路子"中常见的较为高级的战术。它在激烈的进攻战中往往具有决定性的影响。可以说，在很多场合学会 pass，是"大怪路子"中很高的一种境界。我们归纳一下，大牌"忍让"一般适用于以下两种场合：一是尚有多余的手数（如对子、五路等）没有过掉。像牌例1中的两将，一定要在过了两对之后再下，而五A一定是最后形成搏牌时再下。再如牌例3，五A一定要在两将之后，形成了搏牌的可能，方能出手。还有像牌例2中五张9和小怪的忍让，都是制胜的招法。另外一种情况下，"忍让"也是必须的，那就是对于对方非主攻者的大牌。像牌例5，一号位和二号位剩七张时，对于六号位的花连，一号位和五号位的陪小怪清五都不下。再如对方某家上来连一把杂顺都不要的，在头家争夺过程中，对于他的大牌，绝大多数情况下，都应该予以忍让。反之，在以下两种场合下，"忍让"不予考虑。一是同伴（或对方某家）已听出牌型，此时双方都要拼命抢夺牌权，"忍让"等于放弃。比如，同伴已打听大怪路子，这时你的五K甚至陪怪五A都无需忍让。再如，对方某家已打听两把五路，此时对于对方的两K、两A等，一般也不予忍让，除非是你在他的上家，并且有较强五路阻击，或者你本身就要靠五路翻牌。总之，大牌忍让，一般都在争夺头家的早中期。到了后期，忍让一般都失去意义，除非己方已明显没有头家可能，大牌消耗会对后面防守带来严重后果。

"大怪路子"的忍让战术，不仅在进攻中经常被运用，在防守中的作用也非常重要。有关防守战中的忍让技巧，我们将在后面分析阐述。

③ 记牌的重要性

在"大怪路子"对战中，每位牌手都需要记牌。记牌贯穿于整个攻防过程。但同样记牌非常枯燥和费力，这也是许多牌手不愿记牌的原因。记牌是一种习惯，它并没有什么特别技巧。有人玩了几十年"大怪路子"，却常常会为外面是否还有怪、三A能否翻牌等而烦恼。有人接触"大怪路子"不久，却能把怪、将牌甚至A、K都记住。各人的年龄、记性好坏不同，对于记牌不能强求。一般来说，中老年牌手，能够把大小怪和十二张将牌记住就算不错了。而对于年轻牌手来说，最好能在记住大小怪和将牌的同时，把A、K等次级大牌出现的张数也记住。那如何才能把这些大牌出现的张数有效地记住呢？在此我们向大家推荐一种较为简便的大牌记忆法——"大牌叠加法"。当你拿到二十七张牌时，把自己手中的怪、将牌、A、K等大牌归笼一下，根据你所要记住的大牌（比如说记到A），把它们分别编一下号，如怪为1、将牌为2、A为3。假如你手中有两怪三将四A，那么就默记你的大牌为234，然后，在打牌过程中密切关注这三类大牌的出现情况。假如上来两轮出现了一怪一将和两A，那你就把它们对应地加上去，默记为346，这样外面尚有三怪八将和六A。你只要不漏掉A以上大牌的出现情况，对外面这些大牌所剩的张数就不会忘记。有些人认为：六张怪我总能记住，就是其余大牌只能记个大概。其实那更加理想。你可以撇开大小怪，把将牌编为1、A为2、K为3……在整个行牌过程中，关注相应大牌的出现情况，再进行对位叠加。这样无论何时，只要用12减去你默记的大牌数，便是外面尚有相应大牌的张数。例如：你现在对K以上大牌（怪除外）默记为878，那么，外面还有四将五A和4K。如果你还能回忆出哪几家出过了将牌、A、K，那么对剩余相关大牌的分布，应该有个大致的了解。以上这种大牌记忆法，刚开始运用，可能会觉得比较累，但大牌记忆没有捷径，当你长年累月地使用，逐渐适应了以后，你便会觉得，大牌记忆并非高深莫测，而当你能轻松记住将牌、A、K 等大牌以后，你甚至可以将 Q、J 等点子牌再编排进去，这样，你至少在"大怪路子"记牌方面已经成为一名高手了。

　　大牌记忆是记牌的一个方面。而牌张（牌手的持牌张数）记忆则是记牌的另一个重要部分。在进攻过程中，牌张记忆往往比大牌记忆更为重要。在进攻的早中期，由于不便问牌（牌张大多数在十几张开外），绝大多数牌手，对各家牌张的记忆都是模糊的。我们并不要求在某家听出牌型之前，能够准确地记住各家的牌张，这确实困难而且没必要。某家（对手或同伴）上来过了两个对子和一个单张，然后在五路中没有过牌（说明他没有进攻能力或意愿），对于他的牌张，我们暂且可以忽略不计，因为对于他手中到底剩二十张还是二十二张牌，对于双方来说都意义不大。我们这里所说的牌张记忆，主要是指对双方主攻者的牌张记忆。一般而言，即对两家牌张的记忆。因为在进攻的早中期，对战双方的主要目的，就是协助同伴尽早听出牌型以及阻止对方主攻者听出牌型，所以，对于双方主攻者的牌张一定要有清晰的记忆，这样就便于在进攻中抢占先机。对于牌张的记忆比大牌记忆要相对容易，它往往有一些规律可循。比如说，自己同伴上来五路进攻，过了一把俘房和一把中高级别的拖，然后被对方压制，此时很明显，同伴手中尚有十二张牌，作为同伴，一旦上手，首先考虑的还是放五路，先设法让其过一把五路打听七张，再考虑如何放牌。再如敌方首攻单张，同伴将牌上手，改攻对子，同伴上家以一对 A 阻击，他 pass，此时他手中的牌，多半为两个中高级别对子，另加四把五路。你和另一同伴要尽力使他过掉对子，等同伴牌整以后，再考虑放送五路。再比如，同伴上来打掉四把三路，但最终未获牌权。此时他手中的十五张牌，多半为三把五路，所以你和另一同伴上手，优先考虑放送五路，而非三路。因为这十五张牌，三把五路的概率还是最大的，一手牌六七把光三的牌型毕竟非常罕见。

除去大牌记忆和牌张记忆，在进攻中，对于双方主攻者牌型的记忆也是"大怪路子"的基本功。牌型记忆可以有效发现对方的软肋，避免无谓的大牌消耗。比如说，一号位首攻3俘房，下家（二号位）过555AA。大多数场合，下家过5俘房，无可厚非，但他把两A搭进去，就值得重视了，至少他有比较强烈的进攻欲望。我等三家要对其引起足够的重视。5俘房后六号位顶Q俘房，一号位6拖，二号位6~10花连。此时，二号位绝非是单纯的阻击那么简单，而是急于拿牌权打出牌型，争抢头家。对于这把花连，我等三家（尤其是三、五号位）只要有牌，就必须管住（即使陪怪也在所不惜），因为他的手中多半还有一至两把垃圾（肯定不是俘房，因为他没对子），一把比花连更大的五路（如五J、五K之类的），净多两将，或者一个大怪一个单张，也可能是光三牌型等等。总之，如果让他花连拿牌权，就会一下子打出牌型。所以管住其花连十分重要，然后继续五路，力争使己方主攻者尽早听出牌型。再比如，一号位首攻一对4，下家pass，三号位过小对子，四号位顶一对K，五号位一对A，六号位一对将牌上手，垃圾出笼。一号位过8俘房，二号位过KKK1010，然后他的一把Q拖被管住。很明显，二号位有较强的进攻欲望。因为六号位两将压两A再垃圾出笼，并不一定有很强的进攻能力。而二号位跟K俘房再上Q拖，则要引起足够的重视。千万不要过了两三轮他一直pass而忘记了二号位的存在。在进攻的中后期，他极有可能成为对方的主攻者。我等三家必须要将火力瞄准他。而作为一号位，则要担当起"门板"的责任，加大顶牌力度（主要是在单张上),然后利用下家对子的软肋进行攻击。再比如一号位首攻一对 4,下家 pass,三号位过一对 10,六号位一对 J,一号位让过,三号位一对 K,六号位一对 A,三号位一对将牌上手,再打出一对 3,四号位一对 4,五号位 pass,六号位一对 7,一号位一对 9,二号位 pass,三号位一对 J,轮到二号位一对 K,三号位 pass,其余三家也都 pass,一号位一对 A 拿牌权。如果记住三号位牌张的话,他共出掉五个对子,手中还有十七张牌。而对于一对 K pass,说明他并非净多两将和三把五路的牌。而一号位首攻一对 4,他过一对 10,后来两将上手后出一对 3,又过掉一对 J,现在上家两 K 他 pass,那他手中如果还有对子的话,就必然是一对 4(这种可能性很低)。所以,他手上的牌很可能是这样的:大怪 2、Q 拖、9 拖、4 拖,或者是大怪 A、花连、8 拖、4 拖之类的。一号位此时上手优先考虑的是放送五路,单张其次。再放对子,效果最差。你记住了同伴的牌张,却忽略了他的牌型。放送五路是基于对同伴牌型的记忆而非牌张的记忆。

总之,牌型记忆,就是留意主攻者在各路牌的出牌以及五路上的单张搭子等情况,从而判断其大致牌型。例如他 3 俘虏搭一对 K,说明基本上不需要对子。而 K 俘虏搭一对 3,则多半需要过对子而非三路。如果 3 拖搭 A,则说明他牌较整,至少没有多余的单张。所以,牌型记忆对于如何给同伴放牌以及阻击对方,均有非常重要的指导意义。

为进一步说明进攻中记牌的重要性,下面再举几副牌例,予以佐证。

牌例 1 一号位首攻 7~J 垃圾,二号位跟 8 俘虏,三号位 pass,四号位顶 Q 俘虏,五、六号位 pass,一号位过 3333Q,二号位 JJJJ5,

四家pass，一号位6~10花连，二号位用五张4管住。四家pass后，一号位稍作考虑，然后pass。此时二号位出单张6，轮到三号位，他手握一小怪两将牌，牌较散，该如何应对？首先，双方主攻者已经出了三把五路，作为记牌基本功，对于他俩的持牌张数，应该有准确无误的认识。其次，对于两者的牌型和意图也应该有大致的了解。就二号位来说，他是先过小俘虏再上J拖，说明他应该有争抢头家的能力。而他五张4上手后，并没有反打五路，说明他并非是两把五路并净多两将的牌型。现在他出单张6，多半是希望在单张上能将牌上手。反观一号位同伴，其牌型应该比较明朗。前一把3拖搭Q，说明基本上没有多余的单张，很有可能是净多两将！而且在二号位五张4时，他曾有过停顿，说明一定有一把超强五路，只是另一把五路较小，并担心两将不过关而未压上。有的牌友可能会问，一号位会否是一大怪一将牌和一强二弱两把五路的牌型？其实这种可能性很小，如果真是那样的话，那他一定会压制二号位的五张4，然后出单张将牌，打听大怪路子。鉴于以上分析，三号位此时即便有再多单张，也决不能贪图过牌，而应毫不犹豫地上将牌，然后，先放对子，而非五路。实战中，三号位的将牌也未获牌权，二号位用小怪管住。三号位因没有大怪而pass。轮到五号位，他有一大两将，此时大怪该不该上？很明显，二号位的小怪压住了"闲家"二号位，那他一定是整牌牌型。所以，五号位的大怪绝对要管住二号位的小怪，然后放对子。现在轮到六号位，由于他是大小怪独将，关键是二号位同伴的小怪没拿牌权，打不出牌型，而且又位于一号位的下家，即便陪小怪两将上手，也无牌可出，因此，他轻碰一对J，一号位如愿上两将，然后555KK出手，五A卧底，头家势不可挡。最后再揭晓二号位手中的十张牌：222QQ、34567垃圾。试想如果五号位的大怪不上的话，二号位便可立即打出牌型，出 QQ，听三将路子。由于六号位有大小怪，故头家非二号位莫属。

牌例 2 一号位首攻单张 9，二号位上将牌拿到牌权，出三张 3，下家三 K 阻击到位获牌权，出一对 3，轮到二号位顶二 A，被下家一对将牌管住，再出单张，轮到四号位该如何应对？如果他是一位记牌高手的话，那对二号位同伴的牌张应该不难记住。二号位上来顶将牌，然后出三路，又过了一对 A。所以他应该还剩二十一张牌。那他会是四把五路和单张大怪的牌型吗？结合前面的出牌情况，应该说这种牌型的概率是比较小的。还记得他将牌上手后，出三张 3 遭下家三 K 阻击吗？后来又过了一对 A。所以，此时二号位手中的二十一张牌，极有可能是多两把中高级别的三路和三把五路的牌。鉴于同伴已打出路子（牌型），四号位应果断上将牌，再送光三。请看二号位的二十一张牌：小怪♠K♠K♦K♦Q♣Q♣Q♥J♥J♦J♣J♥10♥10♣10♥9♣9♦9♥7♠4♠4。这样的牌型，当然最希望同伴送三路 3，如果能过两把光三并拿牌权，头家机会应该在九成以上。假如四号位实在送三路为难，那么可以不上将牌，希望六号位上手送三路。或者将牌上手后直接送五路（如果二号位小怪换成大怪的话，五路也是急需的，过一把中级别俘虏和两把拖，便能打听大怪路子）。总之，作为四号位和六号位同伴一定要记住，二号位是三路和五路的牌型。优先考虑送三路帮二号位修整。实在为难，则送五路。而对子、单张则应跟着敌方过牌。这是较为典型的牌型记忆在实战中的运用。

牌例 3 一号位首攻，持牌如下：小怪♠2♦Q♣Q♣Q♠J♥J♣J♥10♦10♥9♠8♠7♥7♦7♠6♦5♣5♥4♣4♠4♠3♦3♣3♣3。牌型简单，五路为主，而且无须配牌。首攻也一目了然，单张

6或8，争取将牌上手。实战他选择单张8首攻，二号位过Q，三号位pass，四号位上将牌。五号位手握一大怪两小怪五将牌，但牌型较散。现见到四号位将牌打在同伴的Q上，为不让其他牌手出牌型，便果断地上小怪管住。五家pass后，出单张5，六号位也顶将牌，四家pass。由于五号位已经用掉了一张小怪，而且手中还有四张4，关键时候五路上陪小怪五张4还能顶一下，故选择pass。六号位手中五路有五张6和一把花连，但对子偏多，现将将牌上手出一对7，一号位pass，二号位有一大怪两将两A，但没五路，故选择pass，三号位仅两将两A和一把9拖，属于争取不做末家的一家。在两家对子pass，他上了一对J，四号位顺势过一对K。由于一开始四号位的将牌打在了二号位同伴的Q之上，现在同伴出对子，他过一对K，很明显，他有较强的进攻欲望。请看他剩余的二十四张牌：大怪♥A♦A♦A♣A♣Q♦J♣J♠10♥10♣10♠9♠8♦8♣8♠7♣6♥5♦5♣5♣5♣5♠3。尽管将牌没了，但还有一张大怪，散牌还有单张Q和一对J，关键是五路较强，最小10俘虏，其余为A拖、花连和五张5，绝对具有进攻能力。四号位两K后，五号位正好两A管住，六号位已没将牌而pass，二号位见两家同伴都已动过将牌，故仅有的两将也没上。五号位上手后再出单张10，六号位pass，一号位如愿上将牌，五家pass。一号位10俘虏起手，两家pass，由于四号位10俘虏被顶住，便直接6~10花连阻击，两家pass，一号位五张3，四号位五张5管住，各家pass，四号位出一对8，由于五号位尚有大小怪五将，故直接上两将，放垃圾。六号位见下家还有十五张牌，便顺过3俘虏，一号位过J俘虏，手听：小怪QQQ9和77776，两家pass，四号上A拖（手听：大怪QJJ101010），五号位陪小怪五张4，被六号位五张6管住，再放一对9，三号位上两将，放一把8俘虏，四号位顺势过掉 101010JJ，听大怪和 Q，六号位顶花连，由于一号位陪小怪五张 7 打不下去只能 pass。由于三号位和五号位也都管不住花连，故只能由六号位放牌。那六号位究竟该如何放牌呢？如果他是一位庸者，则肯定会不假思索地放对子，一来他本身多对子，二来他没有现成的单张，如果那样的话，就给了对方机会，二号位 pass，三号位还有一对 A 可顶，五号位两将接住，再放一把五路，一号位的陪小怪 Q 拖很可能再也无人管住而抢得头家。而如果六号位是位高手的话，他一定会对前面的打牌过程有个清晰的记忆。首先，四号位出过一张将牌被五号位小怪压制；其次，当六号位放对子时，三号位顶了一对 J，他过的是一对 K（如果他有现成的一对 Q，一定会贴着过）；再者，当下家两 A 时，他选择的是 pass，如果还有两将的话，按照他如此强的五路，他一定会压住两 A，再出一对 J，听 10 俘房、A 拖、花连和五张 5，静候五路。而当他 A 拖以后，再过 10 俘房，就更证实了他手中的两张牌是一个大怪、一个单张（小怪都不可能，如果是小怪的话，就不会让一号位的将牌上手，而先开五路）。所以，六号位唯一正确的选择就是放送单张。假如三号位有大怪的话，那只能寄希望于二号位同伴有一把强五路，再放四号位，如果二号位没有强五路，那毕竟也让对方付出了一张大怪的代价，为以后的防守战创造了条件。以上牌例充分说明了大牌记忆和牌型记忆在进攻中的重要性，对主攻者大牌的记忆，在最终的放牌或顶牌过程中，往往具有指导性的意义。再举个例子，对方某家打听六张，而外面已经出了两张大怪，最后一张大怪又在你手里，他的将牌已出过三张，唯有 A 或 K 没有出过，此时你首先应该判断的是他或许是靠五 A 或五 K 奔牌的。所以，如果是轮到你握有牌权的话，首选便是对子（绝对不能轻易出五路），待对方消耗两将，再放单张，当发现他的同伴不是大怪路子时，可能为时已晚（因为两将用掉了），此时，你方或许可以在短路上取得突破。

总之，在"大怪路子"中，记牌是衡量牌手水平高低的一个重要方面。而在进攻中，对大牌、牌张、牌型的记忆，有助于对主攻者听张牌型的准确判断，有助于帮助同伴尽早听出牌型以及延缓对手听出牌型。如何提高记牌能力，其实并无捷径可走。作为一名初学者来说，要在打牌过程中养成多看桌面牌、少看手中牌的习惯，尽力记住双方主攻者的行牌情况。长此以往，你的记牌能力方会慢慢提高。

④ **跟牌和顶牌**

"大怪路子"的跟牌和顶牌是两个不同概念，尽管其形式上都是过掉一手牌，但其目的和效果是完全不一样的。跟牌的目的主要有两个：一是争抢头家，二是避免做末家。而顶牌的目的就是不让对方（主要是下家）过闲牌，以起到延迟其听牌的作用。因此，跟牌往往是只顾自己过掉闲散小牌，而不顾他人过牌，而顶牌则是有小牌不过，故意上大牌给对方制造障碍。一般来说，对于同伴打出的某类牌型，你可以跟牌，但不适宜顶牌，而对于对方（尤其是主攻者）打出的牌型，则可以加大阻击力度。尽管有时候，你的顶牌可能会妨碍同伴（主攻者）的过牌，而降低其争头家的可能性。但大多数场合下，当对方打出进攻性牌型时，先行顶牌阻击，总是效果比较好的，更何况，阻击者本身也可能具有较强的进攻能力。很多情况下，上来就阻击者，往往是具有一定的进攻能力的，一旦他获牌权，则马上可以打出自己的牌型，然后靠同伴配合，争夺头家。而一上来过牌者，则情况比较模糊，也许他在过掉了数手闲牌之后，会渐渐露出头家相；也许他一上来过牌，只是为了活命而已。

比如对方一号位首攻 3～7 垃圾，你是二号位，手持以下各类牌，该如何应对？a. ♦2♦A♠K♥K♦K ♠Q♥Q♦Q♥J♦J ♠10♠10♣9♠8♣7 ♥6♣6♠5♥5♣5 ♠4♥4♣4 ♥3♣3。典型的活命牌，手中只有将牌和 Q 拖可能会有牌权。好在牌还算整，现对于上家一把 3～7 垃圾，你是必须跟牌的，那究竟是跟 4 俘房还是什么？由于你手中有 7、8、9、A、2 五个单张，为把牌配整，配一把 5～9 垃圾可以减少两个单张。所以必跟 5～9（4 俘房将来仍有机会跟掉）。手听 2AQQQQ6 和 KJ4 三把俘房。假如一号位走头家，你的六号位同伴稍有牌力，那还是很容易把你救走的。假如你的同伴走头家，而另一位同伴牌力较强，那你兴许还能被救。假如你的两位同伴均已走掉，那你只能投降了事。但不管怎么说，上来跟了一把垃圾，总是增加了活命的机会。b. 大怪♦2♠K♥K♦K♠Q♥Q♦Q ♥J♦J ♠10♠10♣9♠8♣7 ♥6♣6 ♠5♥5♣5 ♠4♥4♣4 ♥3♣3。初看和 a 相比多了一张大怪少了一张 A，其他牌都一样，但关键在于三张 4 当中有一张♣4，所以，就变成了一手具有进攻性的牌了。经过配牌，一定是配成大怪 2QQQQ9、♣3～7 花连、KKKJJ、♥J6543 和♠1010854 垃圾。现一号位 3～7 垃圾，天赐良机，过掉一把♠垃圾，以后如能再过 K 俘房则头家机会大增，如过不了，则 Q 拖、花连和单张将牌仍有机会拿牌权，如都不能如愿，则只要是六号位同伴牌力较强，仍有机会争夺头家。总之，上来跟掉了一把垃圾，增添了争抢头家的砝码。c. 大怪大怪小怪♠2♦2♥A♣A♠Q♦Q ♥J♥J♠10♠10♣8 ♦7♣7 ♣7 ♦6♣6♠5♥5 ♠4♥4♣4 ♣3♥3♣3。短路实力很强，但五路实力极弱。现对于一号位的 3～7 垃圾，你如跟一把小五路，头家的可能性仍然很小，而如不跟，也无可能最后被抓。所以，这是典型的可跟可不跟的牌。如果是同伴开打五路，则到你面前，哪怕能过小俘房也坚决不跟。现因是对方的小顺子，所以，抬高五路级别，阻击下家过小五路，还是可行的。如果一号位首攻一把 5 俘虏之类的，则你如跟 7 俘虏有害无利，毕竟少了♣陪小怪 3～7 花连等的诸多变化。现在对于对手 3～7 垃圾，你如要跟牌还是跟 77766 较为合理，毕竟还保留着♥陪小怪 A～5 花连之类的变化。而且，假如以后同伴需要五路，你至少还有两把小五路可放。而随后在五路行牌上，你基本上应该一路 pass。d. 小怪♠2♥2♦2 ♥A♣A♣A ♦K♣K ♠Q♥Q♦Q♦Q ♠10 ♥6♦6♣6 ♠5 ♠4♥4♣4 ♠3♥3♣3♣3。对于上家（一号位）的 3～7 垃圾，你该如何选择行牌？想必有相当大部分的牌手会选择 444KK。且不说你最终能否抢到头家，至少你上来选择跟 444KK 是有很大问题的。首先，过早暴露了自己争抢头家的意图，以至于对方以后一定会将主要火力来压制你，而使你的头家之路增加变数。其次，你的 4 俘虏可能会因给对方过掉较小五路而增加其头家的可能性。所以，正确打法（或者说标准打法）就是第一把以 6 拖顶牌，以后按顺序上 Q 拖和五张 3。由于你上来选择顶牌，对手很可能会以为你是阻击牌型，更主要的是其小五路还未过掉，所以，一般不会以陪怪拖或清五等强五路来压制你。比如说你 6 拖，对方 10 拖，你 Q 拖，对方花连，你再五张 3，此时拿到牌权的可能性甚大。然后便可立即打出三张 4，只要对方是三 A 以下的三路，你就上三 A，听小怪 222KK，三 A 拿牌权，则直接三将翻牌。如果对方以三 A 阻击，则你可三将压制，然后出单张 K，听小怪 AAAK，封锁五路，头家十拿九稳。e. 大怪小怪♠2♥2♦2 ♥A♣A♦K♣K♠Q♦Q♠J♦J ♠10♣10♥9♦9♣9♠8♥8♠7♦7♥6♣6♠5♣3♣3。对于上家（一号位）的 3～7 垃圾，相信会有不少牌手选择跟 33366。假如你 10～A 的对子中有一把现成的花连，跟掉一把 3 俘虏，将来如 10～A 花连能上手，或许头家的机会较大。但现在因没有现成的花连，你如跟了一把3俘虏，则仍然很难有头家的可能。因为你以后在五路上几乎无能为力，所以，你这把3俘虏跟掉绝对是弊大于利。由于你没过这把3俘虏，假如以后同伴需要五路，则你可以短路上手，然后放3俘虏。假如同伴需要三路，则你可以上手后放出三张3。再退一步说，最后对手抢得了头家，你有这把3俘虏，可能会对救助同伴有很大的作用。总而言之，对于上家的垃圾，你唯一正确的选择，就是pass。你最大的愿望，就是同伴能听出牌型，然后你负责放送。有人可能会说，假如同伴五路实力较强，而且短路也有较强的控制力，那我跟了一把3俘虏，不是头家的希望就更大了吗？果真如此的话，那你不跟3俘虏，头家照样不会旁落。很可能同伴不用你帮忙，就已轻松抢得头家。再或者，同伴和对方的大牌拼得消耗殆尽而仍然无法抢得头家，此时你再短路上手，则很有可能短路到底。手中即便多一把3俘虏，则完全不会成为你抢夺头家的累赘。总之，请一定记住，假如你牌不整（多对子和单张），五路实力不强，千万不要在五路上随便跟牌，那往往是有百害而无一利。

以上是在五路上跟牌和顶牌的选择。同样在短路上，跟牌和顶牌的选择有时也需要一定的技巧。当然，在短路上，很多时候跟牌和顶牌的界限也不是那么清楚。有时候你过一对J或Q是因为你有头家的可能而只能算作跟牌。有时候，你对于对方开出的三路上三张9、三张10就可视为顶牌。一般来说，在牌局的初始阶段，在短路上的过牌大多都是跟牌，除非有明显的跳空越级。比如说，对方一对3，你直接上一对K或一对A，对方三张3，你三Q或三K，那绝对属于顶牌。我们在平时打牌中，常常会发现有个别牌手非常喜欢顶牌，尤其是对下家顶得非常紧（犹如"斗地主"中的门板）。其实这种机械的顶牌也是无能和心虚的表现。顶牌是把双刃剑，在同伴路子尚未打出时，你一味地顶牌，很可能会影响到同伴。所以，你必须要在牌桌上根据情况的变化而作出调整。比如说，一号位首攻一对6，二号位同伴过一对7，三号位过一对8，两家pass，你上一对Q（稍稍顶一下，没有问题），一号位一对K，二号位上一对A，所有人都pass。二号位再出一对5，到你面前如果你手中还有一对K或一对A，该继续顶吗？同伴已经清晰地打出了牌型，在对方首攻对子的情况下，他上手后反攻对子，说明他一定是具有进攻能力的。所以，在绝大多数情况下，你（包括四号位同伴）都应该配合他，而非一味地顶牌。假如你此时上一对A，那就不是纯粹的顶牌了，而是抢夺牌权，争抢头家。比如你一对A后，手持以下各类进攻性牌，那绝对没有问题。a. 222 五J、10拖、9俘虏、3~7垃圾。两A上手后，立刻发动五路进攻，直奔三将路子而去。b. 22K 五J、10拖、6拖和3俘虏。两A上手后，出单张K，再等五路或对子，发动进攻。c. 大怪♥2K♠J♠J♦J♣J、♥10♥10♦10♣9、♠8♠8♥8♦6、♠7♥6♥5♦4♦3。两A上手后，出单张9，争取过将牌，然后五路，打听大怪路子。或者，打掉对方小怪，然后3~7垃圾，过10拖靠五J拼牌。除此之外，大多数场合下，你都应当扮演"配角"。所以在对子上必须一路放行，只有等同伴用掉两将或发动五路进攻以后，才可考虑顶牌配合，协助同伴争抢头家。再比如，一号位同伴首攻三张3，你（三号位）手持以下的牌：大怪小怪♦2♦2♠A♥A♣A♠K♠K♠Q♥Q♥Q♥J♠10♦10♥8♣8♠6♥6♣6♠5♦5♦4♣4♣4♣3♣3，现在二号位pass，你该跟牌吗？可能会有不少牌手选择过三张4，然后再三Q或三A上手，改攻对子，承担起争抢头家的重任。其实这是一手比较典型的头家机会很小（五路不强），但性命无忧的牌。关键是现在同伴首攻三路，假如你三路接手，改攻对子，则很有可能破坏了同伴的构思，而且如果同伴上手，再攻三路遭阻击，以后你如短路上手就只有三张6可放了，而且还多了若干个小对子，实在是得不偿失。所以，对于同伴的三张3，你唯一正确的选择就是pass。假如对手阻击三K，你三A上手，再放三张4。你要把三张4作为以后可能需要的一手放牌来看待，绝对不可以上来跟掉。假如你持以下这手牌：大怪小怪♦2♦2♠A♥A♣A♠K♣K♠Q♥Q♣Q♠10♦10♣10♥8♠6♥6♦5♣5♣5♦4♣4♥4♣3♣3，则情况完全不同了，你一定会为同伴之心有灵犀而庆幸。在跟过三张4以后，将三路进行到底。由于还有大小怪两将，故尽管没有五路，但仍可轻松拔得头筹。由于三路牌型在"大怪路子"中相对偏僻，所以，如果某家首攻三路，而其同伴跟牌，绝大多数情况下，都是有进攻想法而非保命。再看下例，一号位同伴首攻单张，二号位上将牌获牌权，然后出三张9，你（三号位）持以下这手牌：大怪大怪♦2♣2♥A♥A♣A♠K♥K♣K♥Q♣Q♦J♠10♦10♣10♣9♠8♥8♣8♣8♠6♦6♣4♣4♣3♣3，如何应对？二号位是较为明显的还有三A或三K之类的三路，然后四把五路的牌型。由于其三9起手，故五路上有一把垃圾的可能性很大。因此作为三号位的你，一定要以最大三路来顶牌。像本例就必须顶3A，而非3K（假如顶K遭二号位三A那你方就亏大了）。由于第一手三A拿牌权的可能性甚大，接着就可♣94433出手，发动攻势。由于过8拖甚至10（K）俘虏的可能性还是较大的，所以只要打听两大怪两将牌和一把俘虏，头家基本上没有悬念。假如二号位将牌上手后出三张3，那你也可以顶三张10，如果他三Q你就三K，他三K你三A，如果他三A，你再考虑是否需要陪大怪三将管住，毕竟你的大牌点没有浪费，所以相对合理。

总的来讲，跟牌和顶牌，技术含量相对较低。但在顶牌时，如何正确地把握时机和顶牌级别，还是有些难度的。下面我们再以两副实战牌例来结束本节讨论。

牌例 1　一号位首攻，持牌为：大怪 ♦2♣2♠2♠A♣A ♠K♠K ♠K♦K♦K♣K ♥Q♦J♦10♣10 ♠7♥7♦7♠6♥5♣4♥4♣4 ♦3♣3♣3。大牌实力尚可，但牌太散，五路就一把五 K 或可拿牌权。如配 3~7 小顺则小对子太多，而且仍然多单张，显然不合理，因此先首攻单张 5，其余牌保持变化。二号位持牌为：小怪♠2♥2♥A♦A♣A♣A♣K♦Q♠J♥J♣J ♦10♣9♦9♠8♥8♣8♥8♥7♣6♥5♥5♦5 ♠4♠4。六号位（顶牌位置）持牌为：♠2♥2♥A♥Q♥Q♣Q♣Q ♠J♦J♠10♠9♦9♦9 ♥9♣8♠4♣7♣7 ♥6♦6♣6 ♠5♦5♣5♣5 ♥4 ♠3。其余三家大致牌力：三号位小怪独将和两 A 独 K，五路仅有一把 9 拖；四号位大怪独将和三 A 和三 K，五路不强；五号位大小怪三将独 K，五路有一把现成的花连。总体来说，一、三、五号位实力较强，并且还是首攻方。而二、四、六号位中，二号位相对牌整而且五路也较强，所以成为唯一有望抢头家者。请看整个打牌过程：一号位首攻单张 5，二号位过 10，三号位过 Q，两家 pass，六号位过单张 A，一号位上将。二号位由于上小怪牌也不整，而且还失去了陪小怪五 A 这一定海神针，故选择 pass。其各家也都 pass。一号位上手后由于牌不整，便改出♣3♣3，把♦KJ673 配成一把垃圾（这样手数减少很多），二号位顺过一对 9，三家 pass，六号位由于有五 Q，便顶上一对 J，一号位上一对 A，二号位一对将拿牌权，再出单张 Q，三号位过 K，四号位 pass，五号位见二号位出了六张牌，为防止他手中还有一张将牌而抢先上将牌。其余五家均 pass。五号位放一对 4，六号位此时已无大对子可顶，便过了最大的一对 8，一号位过一对 10，两家 pass，四号上一对 Q，两家 pass，一号位两将上手，然后 ♦ 垃圾出笼，听大怪 Q 五 K 和 44477，二号位顺过 5 俘虏听小怪 AAAAKJJJ7 和 88886，三号位过 6 俘虏，四号位过 10 俘虏，六号位顶 55553，一号位直接上五 K！由于一号位已出过三将两 A 六 K 等大牌点，故二号位判断其很有可能是一大怪一单张和一把小五路，就算是他还有陪怪两将之类的牌，二号位本身也可以走掉，所以，毫不犹豫地陪小怪五 A 压上，然后再出单张 K，听 J 拖和 8 拖。三号位上将牌，放小对子，四号位由于是大怪和独将，故选择过牌，五号位 pass，一号位由于还有五 Q 和两把俘虏，所以直接上两将，准备放牌，却不料遭五号位大小怪压制，再放一对 3，由于六号位再无短路上手可能，为防止下家过小对子，听陪大怪拖，而无奈拆五 Q，顶上一对 Q，一号位 pass，二号位 pass，三号位一对 A 上手。现在情况明了，一号位就是一大怪一单张和一把俘虏的牌，所以三号位再放对子也无济于事，只能是小单张，四号位上将牌，放一把垃圾，五号位 pass（希望一同伴能过小俘虏，听一大怪一单张，再花连上手放牌），六号位很尽责地顶了一把 9 俘虏，一号位无奈只好 pass，二号位过 8 拖听 J 拖，五号位再上花连，作最后的努力放小单张，由于六号位手中还有三 Q 可拆顶，而四号位同伴还有大怪上手，最后二号位头家不可阻挡。本例六号位顶牌尽心尽力，堪称经典。尤其是最后分析五 Q 和 9 俘虏顶牌，更是值得称道。二号位陪小怪五 A 为本方争夺头家打下了基础，而六号位无疑是本方抢得头家的头号功臣。

牌例 2 一号位首攻，持牌如下：大怪小怪 ♠2 ♣2 ♦ A ♠ K ♠ K ♠ J ♣ J ♥ J ♠ 10 ♦ 9 ♦ 9 ♣ 9 ♣ 8 ♥ 7 ♥ 7 ♣ 6 ♥ 6 ♥ 5 ♣ 4 ♠ 4 ♥ 4 ♣ 4 ♥ 3。对方四号位（主攻者）持牌如下：大怪 ♠ 2 ♥ 2 ♣ 2 A ♥ A ♦ A ♦ K ♣ K ♦ Q ♣ J ♦ 10 ♠ 9 ♥ 9 ♥ 9 ♦ 8 ♠ 6 ♦ 6 ♠ 6 ♣ 6 ♣ 5 ♦ 4 ♠ 3 ♦ 3

♣3。其余四家牌力大致如下：二号位一大怪独将两 A 五 Q 及一把 5 拖；三号位三将独 A 五路最大 5 拖；五号位一小怪独将四 A 没有拖；六号位一小怪两将独 A，五路有 K 拖、8 拖和 7 拖，其余均为对子。总体实力相差无几，但一号位牌较整，且五路很强，又轮到首攻，所以头家机会很大。实战一号位首攻一对 9，把牌配成大怪小怪 22KK99，♥3~7花连、J 拖、4 拖以及 6~10 垃圾。首攻一对 9 后，二号位毫不犹豫地顶上一对 A！三号位由于五路不强，见二号位跳空打一对 A，就以两将压制，然后配合同伴出一对 8，轮到四号位又上了♠A♥A，五号位 pass，一号位见三号位同伴已动过两将，另外也恐四号位小五路先出笼，故以两将压制，然后垃圾出笼。二号位由于没有跑牌而 pass，三号位为防上下家过小五路而顶了一把 10 俘房。通常情况下，绝大多数牌手，都会过 3 拖，而其六号位同伴也会 pass。但四号位是一个经验较为丰富的牌手，他见一号位在牌不整的情况下开出五路，必然是要过掉五路，然后打听某类牌型，所以他先顶了一把 9 拖（防止一号位过 4、5 之类的小拖），一号位上 3~7 花连，二号位由于五 Q 跳空太大，而五张 5 又要陪大怪，故选择 pass。四号位上五张 6，一号位见四号位如此生猛，唯恐他还有两把小五路以及一把五 Q、五 K 之类的强五路，所以决定以陪小怪五 J 压制，自己打听大怪 KK 和一把 4 拖。此时轮到二号位考虑，由于一号位上来首攻一对 9，然后两将上手攻五路，他在上两将时是考虑了一会儿，所以其八张牌是三将路子的可能性较低，而一大怪加一对和一把五路的可能性很大。不管怎样五 Q 先压制了再说。那二号位此时又该如何放牌呢？由于同伴对子上的是两 A，而五路上 9 拖和五张 6 均未拿牌权。但考虑到同伴将牌未动，而对方一号位和三号位已经出了四张将牌，所以，二号位五 Q 上手后决定放小单张。三号位由于见下家攻势凶猛，因此不敢怠慢，把手中最后一张将牌压上。然后他也判断一号位同伴是要过 A 一对之类的然后打听大怪路子的牌型，所以再放小对子。四号位判断下家（五号位）肯定没有现成的两将（因为上来他两 A 没有要），同时为减轻六号位同伴的压力而选择顶陪大怪两 A，手里打听三将、3 拖和一把◆垃圾。五号位见自己同伴已动过五张将牌，而如果再让四号位出牌，则必然是一把小五路，然后打听三将路子。但五号位苦于两将要陪掉小怪，关键是六号位没动过牌，而且，一号位同伴因五 J 被压而未最终听出牌型，所以，他还是比较理智地选择了 pass。四号位在两 A、9 拖和五张 6 均未获牌权的情况下，最终靠陪怪 2A 上手，◆KQ1084 出手，打听 2223333K。◆垃圾后，五号位过了一把小俘虏，此时的六号位仍然不能松懈，必须顶上 8 拖，假如六号位一个疏忽而让一号位过了一把 4 拖的话，那胜负关系立刻逆转。由于六号位没有大怪，而五号位还有陪小怪五 A 这一定海神针，所以上手后，一个单张便可把同伴放走。本例的一号位可以说是活活被对方"顶死"。只要他过了两 K 或 4 拖任何一手牌，头家便没有悬念。由于一号位首攻一对 9，所以，二、四号位两家上手便顶两 A 属于基本顶牌技巧，而在五路行牌中，对于三号位的 10 俘虏，四号位不顶 3 拖而顶 9 拖则是全局亮点，假如四号位先顶 3 拖，则六号位极有可能 pass。因为六号位本身是多对子牌型，所以再上 8 拖有浪费之嫌。而一号位过了 4 拖，四号位再 9 拖，一号位花连，四号五张 6，一号位再陪小怪五 J，此时由于一号位所有五路都已过干净，而四号位听的是陪大怪将拖和◆垃圾，所以，纵然二号位五 Q 管住，就算五号位陪小怪五 A 不压，四号位也绝无头家可能。有的读者可能会问：假如一号位的陪小怪五 J 不压四号位的五张 6，结局是否不同？实际上那也无济于事。四号位如五张 6 上手，便会打出单张 A，再大怪上手，◆垃圾出笼，六号位顶 8 拖，一号位过 JJJJA，由于同伴已听三将路子，所以，二号位定会上五 Q，放三路。就算五号位陪小怪五 A 压上，由于一号位同伴的八张是大怪小怪 KK4444，所以，五 A 后再放五路，一号位的陪小怪五张 4，二号位还有陪大怪五张 5，头家最终仍归四号位所有。

⑤ **合理使用大牌**

"大怪路子"中的大牌，除了像大小怪，将牌和 A、K 等点子大牌以外，还有就是较高级别的五路，比如花连、清五等。在大多数情况下，对战双方的大牌实力都是相差不多的。比方说，一方拥有两大怪两小怪五将七 A，但在五路实力上逊于对方。再或者一方拥有一大怪三小怪八将牌，另一方拥有两大怪四将牌，但在 A、K 等中间大牌数量上要远多于对方等等。所以，常见的结果就是头家与"白斩"，得 1 分或 0 分，最多也就是头家再抓对方一家得 3 分。但同样的牌，在很多初学者手中，结果往往会大不一样。头家抢不到不说，甚至还会被对方抓两家、三家。或者是实力明显强于对方，但最终结果是抢得头家，却空手而归。出现这种情形，多半是由于大牌使用不合理所致。

会否合理使用大牌，是衡量一位牌手水平高低的重要指标之一。如何提高这一技巧，必须经过长期的实战，不断积累经验，在反复的失败中吸取教训，才能慢慢悟出其中的门道。那如何才能做到这一点呢？首先，从大牌一级压一级的角度来讲，大怪压小怪，小怪压将牌，五 A 压五 K，三 K 压三 Q，那是最理想的状态。但在实战过程中，这种情况不会经常发生。我们这里要指出的是，在大牌的使用上，要尽可能地避免不必要的越级跳空。比方说，上家首攻一对 3，你直接上一对 A。在这里，除非你是非常整的五路进攻牌型（担心接下来两 A 可能过不了），要么是较强的三路攻击牌型，再或者是一手强牌而故意吸引火力，消耗对方两将，否则的话，亏损是大概率。尽管可能上来就消耗了对方的两张将牌，但极有可能引起同伴的误判，而在以后的行牌中，围绕你来展开进攻。再者，在以后对子的行牌中，对方的两 K 就有可能要消耗你方的两张将牌。再比如，上家首攻一把俘虏，你直接跳空上花连。在这里，只有以下两种情况你的行牌可能是正确的，那就是你手中有一把过不了的小五路，还有一到两把比花连还大的强五路，手中还有若干张怪和将牌，以及一些小单张和对子，你的目的是想争取花连抢夺牌权，再处理掉手中的单张和对子，争取再靠强五路上手，打听某类牌型；或者是还有一至两把强五路，其余为较强的对子或三路牌型。不管属于哪种情况，都应该是具有较强进攻能力的，否则的话，这种五路上的跳空越级十有八九是非常亏损的。在长期的"大怪路子"对战中我们发现，不少牌手都有不同程度的"五路恐惧症"，尤其是在自己五路不强时，只要对方一攻五路，就会觉得头家非他莫属了。其实情况往往都不会总是那么悲观。对手首攻五路，只是表明他可能有进攻的能力，但究竟他的实力强弱如何，那要在以后的行牌过程中方能显现出来。其次，你本人牌不整，五路不强，并不代表着其他两位同伴也是如此。因此，当对方开始五路进攻时，你若持散牌就只能选择 pass，希望同伴牌较整，在五路上能有所作为。而你唯一的一把花连或清五绝不能过早轻率地用掉。假如其他两家同伴也确实没有能力争抢头家，那就只能放弃而转入防守。而在以后防守战当中，你的花连、清五的作用便会显现出来。要知道绝大多数的"包饺子"抓三家，都是由于在头家争夺战中，被抓一方五路实力消耗殆尽所致。三家均为整牌，五路均很强而抓对方三家的牌例是极为罕见的，可以忽略不计。

总之,"大怪路子"每副牌各人手中的大牌都是有限的。在争抢头家的过程中,双方大牌的消耗是必然的,而最后抢得头家的一方,一般来说消耗都会更大一些。而作为另外一方的三位牌手,一定要在形势判断上取得共识,要善于取舍,让对方在消耗掉一些大牌后再抢得头家,往往是最好的结果。明知不可为而为之,其结局大多是一条不归路。毕竟"大怪路子"不是一局定胜负的游戏,1分与5分乃至8分的差别是巨大的。留得青山在,不怕没柴烧。

除了上述大牌不要随意跳空越级之外,在大牌压大牌这一环节,也是很有学问的。不少人认为,大怪压小怪,小怪压将牌,两将压2A,小花连压A拖、K拖乃天经地义之事。其实也不尽然。在这里,尽管大牌没有跳空越级,显得较为合理合算,但关键还要看压在谁的身上。"大怪路子"中大牌压在对方有争抢头家意愿的某家身上,应该说是最为合理的,也是必要的。举个例子,一号位首攻单张9,二号位过Q,两家pass,五号位过K,你(六号位)pass,一号位上将牌,这时轮到你如有小怪,就应该毫不犹豫地压上。虽然可能最终仍然无法阻止一号位争得头家,但在以后的行牌中,对方为抢头家也必然在大牌上得以消耗,更何况这种场合下的大牌压制,大多数场合下都是行之有效的。换一种情况:一号位首攻单张9,二号位过Q,两家pass,五号位过K,你(六号位)过A,四家pass,五号位上将牌,此时你的小怪可以选择不压(除非你是整牌并具有进攻能力)。毕竟五号位是最后一家,他上将牌也可能是不得已而为之。你保留小怪或许能够增强五路的实力。对于某些次级大牌,如果两家同伴都不要,轮到你,除非是进攻牌型,否则宁愿pass,也不宜跳空越级压制。当然,如果有可能分拆次级大牌,则往往是不错的选择。比如说，对方一号位首攻小单张，你（二号位）过 J，三号位过 K，四家 pass，你手中有大小怪，但没有将牌，牌又不整，此时你只能拆 A 应对。假如下家过的是 A，那么轮到你就只能 pass，你只是暴露了没有将牌，但重要的是大小怪还在手中。再比如：你是六号位，对方一号位首攻一对 5，二号位同伴过一对 J，四家 pass，一号位过一对 Q，四家 pass。很明显，两家同伴没有现成的两 K 或两 A，而你手中握有一大怪两将牌和四 A，但牌不整，此时你应毫不犹豫地拆四 A 而非上两将拿牌权。因为，同伴在二路上无能为力，所以你必须分拆四 A 应对，一来可以管住下家，迫使对方消耗两张将牌，二来对方以后在对子上的一对 Q 或一对 K，你仍有两 A 管住一次。尽管拆四 A 可能会多出一个单张，但从阻止和消耗对方这个角度来说，肯定是利大于弊。假如你是三 A，由于你本身牌不整，那还是应该拆三 A 管一下，只要对方两将压你，你的目的就算达到了。

在五路的行牌中，有时你的大牌使用应当格外小心。假如两家同伴都显得无能为力，那你必须留住一把较强五路，以备不时之需。例如：一号位首攻 4 俘房，二号位同伴过 10 俘房，四家 pass，一号位上 3 拖，四家 pass，你（六号位）手中有一把 8 拖和一把 K 拖，此时你上 8 拖属于正常，因为同伴可能有较强五路而不愿跳空压制 3 拖。而当你 8 拖后，一号位再上 Q 拖时，两家同伴又 pass，此时你的 K 拖是无论如何也打不下去的。因为一号位比二号位同伴少了整整十张牌，而且他又是处于上家的位置，所以同伴抢头家的可能性微乎其微。假如你手中还有怪的话，K 拖用掉，以后在五路上可能面临完全失控的局面，后果不堪设想。因此，不假思索地 pass，是唯一正确的选择。

最后，再以一副实战牌例来说明合理使用大牌的重要性。一号位首攻单张 3，手中仅有两将两 A 两 K 和一把 10 拖，典型的活命牌。二号位过单张 8，他手持三将独 A 独 K，五路有一把 J 拖，牌也不整。三号位牌力相对较强，持牌为：大怪♠2♦2♥A♦A♣A♣K♠K♠Q♦Q♣J♥10♦10♣10 ♦8♣8♣8♥7 ♥6♥6♠5♠4♠3♠3♦3。现顺过单张 J。四号位持两小怪两将三 A 两 K，五路有五张 7，但其余牌较散，对于上家单张 J 他选择 pass。五号位虽有两大怪，但是仅有独将独 A 独 K，五路上有 3、4 两把小拖，三路仅有一手三张 10，对子偏多，现过掉单张 K。六号位虽牌力一般，但牌型较好。持牌为：小怪♦2♥A♠K♦K♣K ♠Q♦Q♦Q ♠J♥J♦J ♠9♥9♣9♣9 ♦8♣8♣8 ♦7♠6♥6♠6 ♥5♠4♥3。对于上家的单张 K，他上将牌拿牌权。如果小怪换成大怪的话，即刻发动五路进攻合情合理，争取过掉三把五路，打听大怪路子。但现在是小怪，最主要是他是多三路的牌。所以他接着选择出三张 8，看看能否过三张 Q。一号位没牌 pass，轮到三号位碰三张 10，两家 pass，六号位选择过三 Q，期待拿牌权。一号位 pass，轮到三号位选择。直接上三将，消耗过大，显然是不予考虑的。陪大怪三 K 如何？拿牌权的话还算凑合，3~7 垃圾出笼，过 A 拖没问题，打听 8 俘虏和将俘虏，如 A 拖拿牌权，则可出 K 一对，打听三将路子。但陪怪三 K 和 A 拖均拿牌权的概率实在是太低了，所以压陪大怪三 K 的选择也是不可取的。假如选择 pass，那就等于放弃，六号位 3~7 出笼，头家轻而易举。但三号位是一位高手，他见六号位三张 8 出手，怀疑他 3 到 7 的小点子牌里有一把垃圾（实际情况就是如此），为了不让其小五路出笼，他作出了压三 A 的正确抉择。尽管拆了四 A，但再陪一张将牌，可以配成一把♠A~5 的小花连，尽管自己多了很多对子，但仍有大怪和两张将牌在，是否有头家不论，最主要的是剥夺了六号位的牌权。三 A 拿牌权后，三号位出一对3。四号位见六号位同伴牌整了，就放弃过小对子而直接顶一对K，思路非常清晰，两家pass，一号位上一对A，二号位稍作思考后pass（让四号位上手放牌），四号位上两将，然后放一把A同花垃圾，五号位先顶一把4拖，六号位过9拖，一号位10拖，二号位正好J拖帮一下忙。轮到三号位选择，三号位经过考虑后，认为对方的主攻者应该是还剩十五张牌的六号位，因此现成的♠A~5花连也没上。二号位上手后放了一把5俘虏，此时三号位再一次作出了正确的选择：大怪8887而非8俘虏，手听♠A~5花连和22KKQQ66，轮到四号位决定，由于四号位五张7下去没有现成的五路可放（要陪小怪放一把垃圾），故选择pass。六号位此时又非常纠结，他一心想过J俘虏再陪小怪五K拼牌的计划，由于烦人的三号位和五号位一直无法实现，现在自己和四号位同伴已用掉了三张将牌，二号位同伴是否有现成的两张将牌尚未可知（刚刚一号位两A后，他考虑了一下没上两将，也许可能是陪怪两将），关键是就算同伴还有两将上手放五路，自己的J俘虏仍有可能过不了，所以考虑再三，还是决定分打两把五路碰碰运气，他非常不情愿地下了KKKK6，一号位pass。轮到三号居然此时还能亮出一把A~5的小花连，再次给予六号位当头一棒。四号位五张7管住，再放一把陪小怪同花垃圾，五号位见下家前面9拖搭A，刚刚K拖搭6，而且面部表情有些痛苦，判断其是把陪怪五K和一把俘虏分拆成了K拖和陪怪拖，而且另外一把应该是垃圾，因为除了陪怪拖中的那把三路，手中应该是没有其他三路了。但为了保险起见，五号位还是顶了唯一的一把10俘虏。事到如今，由于同伴都没跑牌，六号位就只能硬着头皮下小怪JJJ6，期待老天保佑。但五号位还有最后一发子弹——陪大怪五张3! 可怜的六号位手中还听一把3~7杂顺，他此时唯有希望对方五号位尽快走掉，自己或许还有借风活命的机会。事实上，最后还是三号位抢得了头家，一、三、五号位方最终得到了3分。这副牌双方争夺十分激烈。作为失利一方来说，确实也没犯什么大错。从结果来看，最后六号位对于三号位的陪大怪8拖，还是让过为好，这样最终多半只失1分。而本牌例最大的亮点就是三号位的出色表现，他将大牌使用的合理性发挥得淋漓尽致。从三路上的拆4A压制，到小花连放过上家的J拖，再到五路上不过8俘房而以陪大怪8拖阻击，环环紧扣，招招打在对手的痛处。最后他不仅抢得了头家，还将六号位置于死地。面对这样的对手，你除了表示敬意，还能说什么呢？

⑥ 其他一些小技巧

"大怪路子"进攻中的技巧是综合性的。除了前面介绍的诸如配牌、首攻、记牌、忍让、顶牌和合理使用大牌等主要技巧之外，还有一些不常用的小技巧。下面通过一些牌例介绍给大家，希望在今后的实战中能够熟练掌握、灵活运用。

首先，我们向大家介绍的是进攻中的放牌技巧。进攻中的放牌主要分为中期和后期两个阶段，而大多数具有决定性意义的放牌，都是在进攻的后期。也即同伴已经听出牌型，等待放牌。此时的放牌往往都是公式化的，不需任何技巧。也就是通常所说的六张放单、七张放双、八张放三、十张放五。以下介绍的放牌技巧，主要是在进攻的中期，同伴的进攻停顿之后如何放牌，使其最终听出牌型；以及在同伴听牌后，其关键大牌被对方压制以后如何再放牌的一些小技巧。请看牌例。

牌例1 一号位同伴首攻 6~10 垃圾，下家跟 5 俘房，三号位 pass，四号位顶 Q 俘房，两家 pass，一号位上 JJJJ6，二号位 K 拖，四家 pass，一号位上 5~9 花连，二家 pass，四号位以五张 3 压制并拿牌权，然后出小单张，五号位pass，六号位过10，一号位pass，二号位过J，三号位上将牌，对方均pass。三号位拿牌权后分析一号位同伴的牌型，还有一把小五路几乎是肯定的，那还有七张牌是什么呢？由于单张不要，所以他的牌很可能是大怪22AAKK和一把小五路，或者是222AAKK和一把小五路之类的。但不管怎样，由于一号位已经用掉了两把中高级别五路，所以，此时放对子应该是唯一正确的选择。三号位随后放小对子，四号位顶两K，两家pass，一号位上陪小怪两将。现在情况明朗了，一号位就是一把小五路和一把较强的五路。二号位判断一号位可能是一把小五路和一把A拖之类的，为阻止其小五路出笼，选择了两怪压制，然后反攻对子，最后五号位上手放五路，六号位顶小拖，一号位五A成功奔牌，4俘虏脱手。像这种中期的放牌还是比较明了的，上来五路对方顶Q俘虏同伴上J拖，随后花连又未拿权，而后单张又不要的。在这种情况下，三、五号位如再放五路，那基本上属于接过进攻的接力棒。除此之外，放送对子是不二之选。当然，如果在对子上，他两K都要不了，那很有可能同伴是为了活命而不得已首攻五路，三、五号位应该不必对他抱有太大希望。假如上面一号位的牌稍微变动一下：小怪换成大怪、五A换成A拖，那在单张上将牌是必须的，如对方小怪则正好大怪带走，出4俘虏，听A拖。如果对方直接上大怪改攻对子，那三、五号位同伴上手后如何放牌（先放五路还是先放单张）还是有些学问的。在这里，只需掌握一个简单的原则，那就是放牌者看自己手中的牌，如果是五路较强，那就先放五路，让同伴打听大怪路子；如果是短路较强，那就先放单张，让同伴打听A拖。假如什么都不强，那建议还是先放五路，毕竟同伴打听大怪路子，对方最多只能阻击一次，而打听A拖的话，对方或许可以阻击多次。

牌例 2 对方一号位首攻单张小牌，二号位过 10，三号位 pass，四号位上将牌获牌权，出 3~7 垃圾，下家过 5 俘虏，六号位 pass，一号位过 10 俘虏，两家 pass，四号位上 10 拖，五号位 J 拖，轮到四号位再上 3~7 花连，对方两家 pass，轮到三号位以陪小怪 9~K 花连压住拿牌权，出一对 6，四号位 pass，五号位过一对 7，六号位过一对 9，一号位 pass，二号位顶一对 A，对方三家均 pass。二号位拿牌权后便开始分析四号位同伴手中十一张牌的牌型。同伴上来将牌上手后出 3~7 垃圾，对方 10 俘虏，他过的是 10 拖，而后 3~7 花连被对方陪小怪 9~K 花连压住。对于三号位的一对 6 他没过牌，因此三对子加一把五路的牌型可以排除，那么剩下可能性较大的应该是大怪和一把小五路以及一把小于 9~k 花连的较强五路。由于二号位短路实力较强，故两 A 上手后放一单张，希望同伴大怪上手打听五路。三号位过单张 A，但四号位考虑了一下仍然 pass，五号位也 pass。由于一号位上来首攻的是单张，后又过了一把 10 俘虏，可能会有一些进攻能力，因此六号位上将牌停住。六号位上手后，见四号位同伴既非对子牌型，也非大怪和一强一弱两把五路的牌型，而他又是一位有着相当功力的老牌手，上来将牌上手开五路，也应该不会是仅仅为了活命。通过排除法，六号位得出结论：四号位同伴应该是两把较强三路和一把小五路的牌型。因此，将牌上手后放出一把小三路，一号位顶三 Q，两家 pass，四号位过三 K，听八张，局面豁然开朗。四号位所剩的十一张牌是 222KKK 和 AQJ96 同花垃圾。首先一点应该肯定，对于三号位的单张 A，四号位不上将牌是颇具功力的。他非常清楚：一旦上将牌（听十张牌）不拿牌权，以后同伴短路消耗放五路，结果是非常糟糕的。所以，他唯有相信同伴的分析判断能力，静静地等待三路的到来。在四号位 3~7 花连被压制而无法打出三路牌型之时，要求其同伴立刻放送三路确实不太现实（除非他们之间有非法约定）。但随后通过排除法再找出这一线路，对于有一定水平的牌手来说，也并非十分困难之事。

牌例3 一号位首攻，持牌如下：♥2♦2♥A♣A♥K♥Q♣Q♥J♣J♠10♣10♥10♥10♣10♦9♦7♠6♠5♣5♣5♠4♦4♣3♣3。由于是首攻方，假如上家同伴牌力较强的话，他还是有些头家机会的。为把牌配整，他把五张10拆掉，配成：♥10~A花连、10拖、5拖、4俘房和♣AQJJ9垃圾，净多两将，配牌非常合理。首攻44433，也深得首攻之要领。下家过6俘房。下家持一小怪两将两A和一把J拖，五路不强。三号位同伴持一小怪独将两A，典型的活命牌，因此顺手跟了一把7俘房。四号位有大小怪两将两A和一把Q拖，但非进攻牌型，所以pass。五号位同伴短路有一大怪四将两A三K，但小五路居多，所以也没过牌。六号位持牌为：大怪♦2♦A♥A♠K♣K♠Q♥Q♦Q♣10♦9♠9♦9♠8♥8♦8♣8♠7♥7♥6♣6♦5♠3♠3♦3♣3。在五路上先顶了一把3拖，一号位五拖，二号位上J拖，四家pass，一号位上♥10~A花连。轮到六号位用五张8管住。六号位拿牌权后判断下家应该是整牌，故出单张10，一号位因净多两将而pass。二号位过Q，三号位上将牌。四号位两怪要防一号位两将奔牌而选择pass，六号位也pass。二号位因手上多对子，而且还有一把垃圾，所以上小怪意义不大。三号位拿牌权后，考虑了一下选择放一把五俘房。四号位无牌可过（若选择直接顶Q拖有五路跳级之嫌）。五号位pass，六号位顶Q俘房，一号位过10拖，听两将和♣AQJJ9。轮到四号位上Q拖拿牌权，继续出单张，五号位上将牌。六号位因为牌不整，只能pass。二号位见对方已听两将路子，而自己同伴持牌都在十张开外，觉得再上小怪可能作用不大，准备留作防守之用。再看看此时五号位手中的二十六张牌为：大怪♠2♠2♦2♦A♣A♦K♣K♠Q♣10♣10♠9♥9♣9♠7♣7♠6♣6♠5♠5♦5♦4♦4♣4♥3♥3。将牌上手后放一对10，六号位为防止下家是将牌俘虏和一个较大的对子而直接上一对A。事实上，一号位确是两将路子。两家pass后，四号位判断一号位可能是一把8俘虏之类的小五路而且对方已消耗掉了四张将牌，所以决定以大小怪压住。然后，反打对子（六号位同伴此时已是九张牌），五号位此时恐怕下家是两将加一对和一把五路，所以直接上两将拿牌权。然后习惯性地放一把现成的♠Q6655，六号位此时尽管可以顶陪大怪9拖，但那样的话就是拿牌权自己也走不了，何况9拖单张到底搭什么也是个问题，所以就顺势顶9俘虏，手里听大怪将牌和KK。一号位走不了，四家pass后，五号位上K俘虏，二号位陪小怪拖压住，再放对子。五号位寻思自己还有陪大怪两将，最后还有一把4俘虏可放（一号位同伴首攻就是4俘虏），却不料，同伴是把♣A同花垃圾。现在，不管谁做头家，同伴已基本被抓。而问题就出在放第一把五路时，五号位如先放4俘虏，下家同样会先顶9俘虏，然后你再K俘虏，就算二号位陪小怪拖压住也无济于事，因为你手中还有一大怪一将牌可以上手，而再放♠Q6655，则正好可以放走同伴的♣AQJJ9。在"大怪路子"中，当同伴奔牌（如二将、三将、五A、五K等）被对方压制，那他留的最后一手牌往往是较小的。这就要求其同伴在放牌时，一定要先放次级小牌（如本例中五号位必须先放4俘虏），这也是有一定水准的牌手应该掌握的技巧。再举个例子，一号位同伴五A奔牌被对五将压制留两张牌（明显是一个对子），六号位剩三张Q，而你（五号位）手中还剩大怪2A7744，现在轮到你握有牌权，该放77还是44？相信会有不少牌手会随手放一对4。其实定式打法就是先放一对

7，因为不管同伴是否走得掉，下家的 QQ 几乎是必上的。而你如果再次上手，放一对 4，说不定同伴正好是一对 6 一对 7 之类的。假如你先放一对 7，下家两 Q 不上，而同伴也的确走不了，那你也应该为遇到这样的对手而感到高兴。

最后，还有一个有必要向大家传授的进攻中的放牌技巧，就是放牌者的位置问题。举个简单的例子：一号位同伴听六张大怪路子。轮到你（三号位）出牌，一问下家四号位也听六张（也可能是大怪路子），该怎么办？假如你手中也有一张大怪，想必可能会这么想，同伴是铁板钉钉的大怪路子，而我手中还有一张大怪，下家不会这么巧也是大怪路子吧。实际上，这种侥幸心理是非常危险的，万一下家就是大怪路子而最终是由你把他放走的，那你和同伴前面所有付出的努力都将付诸东流。所以，此时解决问题的唯一办法就是想法把牌权交到五号位同伴手中，由他放牌。假如五号位同伴在短路上没出过将牌，那你不妨出个对子，让他两将上手放牌。如果同伴两将也无法拿牌权的话，那首先对方付出了两张小怪的更大代价，而且如果是六号位两小怪压制的话，他还得想法把牌转移到二号位手中放牌，所以对方的消耗一定是巨大的。假如二号位拿牌权放单张，此时你还可考虑再上大怪，然后想法再次传递牌权。当然，如果你觉得希望不大时，也可以选择过牌放弃。但不管怎么说，总比你直接放单张效果要好得多。再比如：你是一号位，下家和三号位同伴都听七张牌（两家将牌都没动过），现在你握牌权，该如何放牌？很显然，两家都有可能是两将路子。假如你握有两怪的话，就该放对子，如下家两将则两怪压住，再放对子。假如你没有两怪而只有一张大怪，则只能放单张，希望同伴是将牌和大怪加一把五路。假如你手中没怪，那要么就放一手小三路，碰碰运气，希望同伴是过一手三路听三将和单张的牌型；要么就直接放单张。总之，你不要去赌自己的五号位同伴有两怪而放对子，那是对手该干的事情。你要珍惜来之不易的牌权。以上是当同伴和对手均已听出牌型时的放牌小技巧。有时候当同伴已听出牌型，而对手尚未听牌时，放牌也要慎重考虑，要小心放牌者的位置关系。比如说：一号位同伴已打听一把较强五路，此时由你（三号位）握牌权，而下家（四号位）手持十一张牌。从前面的行牌中可以看出四号位具有较强的进攻欲望。假如你直接放一把小五路的话（我们称之为"隔空放牌"），有时是非常危险的，因为下家可能正好需要过一手五路打听大怪路子或者是过五路后再靠一把超强五路拼牌，而对方的六号位还能在五路上阻击一号位一次。这样的话，胜负关系很可能倾刻之间颠倒。所以较稳妥的办法就是传一个对子或光三，由自己的五号位同伴接手放五路（我们称之为"直线放牌"），这样胜算会增加许多。当然，假如对方四号位的牌张在十五张以上时，你可以不必消耗同伴的大牌，直接放五路便可。总而言之，在"大怪路子"进攻中关键阶段的放牌，一定要注意放牌者位置以及放牌级别等细节问题。机械或草率放牌等不良习惯往往会成为影响胜负关系的隐患，成为阻碍一个牌手提高牌技的绊脚石。

接下来我们再来谈一谈"大怪路子"中有关问牌的一些技巧。前面"基本规则"已经介绍过，问牌的目的就是了解被问者手中的持牌张数。"大怪路子"中，任何一位牌手想要问牌，都是受相关条件制约的。只有在以下两种情况下，相关牌手才能问牌，而且被问对象也不尽相同。一是在任何一位牌手出的一手牌到你面前时，你手中有比它级别更大的牌，此时可以问牌。但问牌对象仅限于这一手牌的出牌者，而非其他牌手。当然，你问过之后也可以选择 pass。

比方说，在对子上面，对于上家的两将牌，你手上有两怪，此时便可以询问上家的持牌张数。再比方说，你听十张牌，同伴的一把拖到你面前，你手中有一把比拖更大的五路，此时，你也可以询问该同伴的持牌张数。当然，你问过之后可以选择 pass。另一种情况是，当你握有牌权时，可以询问桌上所有牌手的持牌张数，当然，也可以选择性地针对某家牌手进行询问。以下要介绍的问牌技巧，主要是指第一种情况下的问牌，也即你手中持有大牌时的问牌。所谓问牌技巧，其实就是问牌的时机，何时该问，何时不该问。对于绝大多数初学者来说，这确实非常难以掌握，况且问牌时机没有统一标准，只有通过大量实战慢慢琢磨。可以确定的是，在"大怪路子"进攻阶段的中后期，勤于问牌，往往是利大于弊，所以，应该养成良好的问牌习惯。

举个例子，在单张时，上家出将牌，你手中有大小怪，并且估摸着上家的牌应该在十张左右。此时绝对要进行问牌，并在得知上家准确牌张时，用怪压制。假如上家不报牌（在十张开外），你再考虑，是否选择 pass。可能有人担心，此时问牌会暴露大牌信息。但事实上，暴露大牌信息远没有准确掌握对手的牌张来得重要。我们常常会遇见不少初学者由于错过了问牌时机（其同伴又没有问牌条件），而在行牌中打到对手的路子上去（犹如"斗地主"中的送"邮包"），让对手轻松抢得头家。因此，在进攻阶段中后期，勤于问牌是必须的，它会大大减少自己和同伴的犯错概率。再比如，在对手行牌中，上家出两将，而恰巧你手中有两张大怪，此时是否该问牌？很明显，此时根本没有隐藏之必要，绝对要问！假如得知上家为十张牌（判断其极有可能是一大一小两把五路），你一般都不应吝啬自己的两张大怪，希望同伴能够管住其一把较大的五路而将其置于死地。假如觉得同伴实在无力争抢头家，那么稳妥起见，你也可以选择 pass，专注于以后的防守。而你此时两怪的显示，也可以让另外两家同伴宽心，不至于在对方抢得头家后，慌不择路。总之，在"大怪路子"进攻阶段中后期，尤其是双方进攻胶着时，由于常常不能准确记住其持牌张数，因此，对于双方主攻者的关键大牌，你只要有能力管住，就必须及时问牌，然后再考虑是否予以压制。当你拿牌权以后，再询问同伴（主攻者）的持牌张数。这样，局面就往往会变得柳暗花明。"大怪路子"进攻阶段中后期的问牌技巧，说白了就是一种意识和习惯，许多初学者在这一阶段经常会因机械性地 pass 而错失本该抢得头家的机会。所以，希望大家要养成在关键时刻勤于问牌的良好习惯。

以上较为详细地探讨了何时该问牌的问题，下面再介绍一些不该问牌的场合。

在"大怪路子"进攻阶段早中期，对于对手（尤其是非主攻者）的一些大牌，即使你有牌可以管住，但也不适合进行问牌。道理很简单，牌局尚早，忍让一下，也不会造成多大的影响。而此时如果习惯性地问牌，过早暴露了关键大牌不说，还经常会迫使对方主攻者改变行牌线路，找到制胜方法。比如说，在争抢头家过程中，自己同伴（主攻者）一把清五遭到对方某家五 Q 压制，而你手中如有陪怪五 A，此时该否问牌？相信会有不少初学者忍不住习惯性地问牌。因为他们会认为，对方既然五 Q 都肯下，必然是想拿牌权打出牌型。殊不知，他的五 Q 是压制同伴的清五，其真正目的是阻止同伴打出牌型，此时桌面上并没有任何一人听出牌型。所以，此局面下，你唯一正确的选择就是快速、不动声色地 pass。假如牌局进行到对方某家听大怪和一把 K 拖，而其下家听一把或者两把五路，那么在五路争夺中至少有百分之五十的可能他会选择陪大怪五K拼牌。如果你前面对于对方的五Q进行问牌或者曾经犹豫过，那么他百分之百地会选择K拖阻击，打听单张大怪。陪大怪五K拼牌，如留单张小牌，则基本上成为末家。而K拖阻击留大怪，还有很大可能成为头家。最终结果如何，完全取决于你前期陪怪五A的暴露与否。再比如，在牌局中期，对方某家以两将管住同伴2A，而前面他还曾用大怪管住同伴的小怪。此时你如果手持两怪，该否问牌？很明显，他的持牌还在十张开外。但不少初学者往往会对打牌比较生猛的对手有一种莫名的恐惧感，所以对于他的大牌会不时地问牌，从而过早暴露了自己的大牌信息。试想一下，如果你此时对于两将进行问牌，然后再pass，那稍后如果另一位对手听两将和一把垃圾，那他还会两将奔牌吗？大牌（尤其是大小怪）的作用是非常重要的。手持大牌，以后总有机会显示，但却尽量不要过早暴露。因此，在进攻阶段的早中期，对于对手的大牌，纵然你有能力管住，但绝大多数场合下，还是不动声色地pass为好。哪怕是随后对手就听出了牌型，但当你（或同伴）过掉了闲牌之后，手中的大牌便可发挥出更大的作用，从而在某家争夺战中，占据更有利的位置。

在本节的最后，我们再向大家介绍一些常用的小骗招，希望您在以后的实战中能够用上。骗招的作用在牌桌上并不常见，也很少奏效，但一旦对手中招，那你方的获益一定是非常巨大的。由于你在使用骗招时，自己的另外两位同伴也难以幸免，因此，应该掌握以下几个原则：第一，自己同伴受骗的危害性要远远小于对手。第二，要有强大的牌力作为支撑。不能因为使用骗招而使得头家旁落。第三，即使对手不中招，你方也没有丝毫损失。

举个简单的例子，你手听大小怪和四A（大怪路子），对于上家的花连,你略加思考,然后下陪大怪五A!可以肯定的是,只要对手有五将(哪怕是陪两怪甚至三怪),那他至少会停下来思考。另外,会有百分之五十的可能被管住,假如对方某家也已听出牌型,那么这种可能性便会上升至百分之九十以上。当然,假如对方三家很快地pass,那你也没有丝毫损失,而且几乎可以肯定,对方任何一家没有五将。这也为以后同伴在防守阶段提供了有用的信息。再比如,你打听小怪222Q,下家打听两将路子,轮到你上家出牌放对子。在你没有动过将牌的前提下,你的上家依然敢放对子,应该说他手中多半握有两怪。所以你应该将计就计,打出陪小怪两将,盼望着他两怪以后再放对子,你再两将翻牌。尽管此处你的陪小怪两将也会让你的同伴误认为你打听一把三路(或是大怪和一对),但问题是轮不到你同伴上手,对手的对子已经把你给放走了。有人可能会问,那我先上两将,听小怪将牌和Q不是更好吗?话虽这样说,但万一上家灵感上来,判断你是四将一单而pass,下家又是一大怪一将牌一把五路,那煮熟的鸭子就眼睁睁地飞走了。所以,诱使上家上当的唯一打法就是上陪小怪两将。假如对方都没反应,那你尽可放心地再两将翻牌。

下面再举一个我们实战中碰到过的算是比较罕见的牌例。一号位出牌,手持大怪大怪小怪22101066(前面他已用掉了一张大怪),他出一对10,下家过一对Q,手里听七张,两将和一把小杂顺。四家pass,轮到一号位,他非常快速地上了陪大怪两将!却不料外面仅有的两张小怪都在对方四号位手中,由于一号位还剩五张,二号位同伴已听两将路子,所以他毫不犹豫地两小怪管住,然后放对子,五号位由于不明真相,先上两将放五路,六号位一把花连拿牌权再放对子,要命的是,一号位居然还装作无奈地pass,当二号位信心满满地放上两将时，一号位才慢慢地亮出外面仅有的一大一小；然后单张将牌翻牌，一对6交班。在此过程中，尽管五号位也被"骗掉"了两将，但比起对方的损失，微不足道。对方消耗了两张小怪和一把花连不说，关键是二号位的两将最后还被带走。结果二、四号位"壮烈牺牲"。事后探讨，假如一号位直接上两将的话，那四号位的两张小怪有可能不上（因五号位没出过将牌，最主要四号位是要靠两张小怪活命的）。最终结果充其量也就是丢失1分。本例最经典的骗招就是一号位的陪大怪两将。由于一号位手持三大怪一小怪，所以此处上陪大怪两将也只是顺便而已。但不管怎么说，他有这种意识就说明了他已经具有相当的功力。而本局又恰巧碰上了小概率事件，所以，在二号位同伴已听牌时，四号位两张小怪被骗下也确实无可厚非。

当你牌力非常强大时，希望吸引对方火力，陪怪压制往往是比较可取的骗招。比如你手持两大怪一小怪五将牌，五路又较强时，当对方两K到你面前，如你有独A，则不妨上陪小怪两A，这时被对方两将管住的可能性非常大，而这也正是你所希望看到的。再比如，对方三K到你面前，你有三大怪一小怪三将两A，就不妨采用陪大怪三A压制的打法，这样骗下对方三将的可能性较大。当然，如果你希望拿牌权，则应该选择陪小怪三A。陪大怪和陪小怪的区别就在于，陪大怪往往会惹得对手眼红和冲动。相信大家在平时打牌中都有相同的体会。

最后，我们再介绍一副实战牌例，看看在五路进攻中骗招的运用。一号位首攻小单张，二号位持牌为：大怪小怪♠A♣A♥A♦A♠K♥K♥K♦K♣K♣Q♣J♦J♦J♦10♣9♣8♣7♠6♠5♥5♦5♣5♦4♦4♦3。现在他过Q，三号位上将牌，四家pass，二号位上大怪，然后出♦105443，手中剩陪小怪五A、五K、♣5～9花连和J俘虏，三号位过同花垃圾，轮到一号位顶了一把9俘虏。应该说，大多数牌手此时都会选择过J俘虏，这样可以不费吹灰之力抢得头家。实战二号位选择了跳空上♣花连。三号位考虑了一下，然后pass。五号位见9俘虏就上花连，而且三号位同伴又有停顿，故毫不犹豫地上陪小怪五张3，二号位此时又打出了陪小怪五A这一骗招！结果再次轮到五号位长考。他判断二号位的十张牌应该是一把垃圾和一把陪怪拖或者是一把将牌俘虏之类的五路，所以最终还是决定用五张将牌压制。最后，在五路上二号位五K翻牌成功，五号位也因为消耗太大而最终被抓。本例是在五路上成功运用骗招的范例。首先在对手9俘虏时，跳空上花连；其次是在陪小怪五A和五K这两把同级别超强五路的使用上，采用了非常规打法，引诱了对手的误判。假如在花连后，按部就班地上五K，那么五号位的五将很有可能不上，这就是骗招使用与否的巨大差别。还要说明一点的是，万一二号位最终的五K再次被对方的五A甚至五将压制，那么他最后听一把J俘虏，被抓的可能性也极小，而对手的大牌可以说在二号位的身上基本已消耗殆尽。

　　以上我们向大家较为详细地介绍了"大怪路子"进攻中的各种常用技巧。希望大家通过学习，逐步掌握并运用于实战。"大怪路子"是三人之间的对抗，和其他牌类游戏相比，它不仅要求每位牌手都能熟练掌握各类技巧，而且特别讲究三人之间的团队合作。合理的分工、默契的配合、准确的判断，假如三人之间能够如此契合，那他们一定是"大怪路子"中的"常胜将军"。

防守中的若干技巧

　　"大怪路子"中的防守，相对于前面的进攻（抢头家）而言，是

"大怪路子"的第二阶段。通俗地讲，就是"抓人"和"逃脱"阶段。当头家归属确定以后，牌局自然而然地进入防守阶段。和进攻阶段相比，它有两个比较明显的特点。第一，对战人数递减，从最初的三对二到三对一、二对二、二对一甚至一对一。第二，紧张激烈程度明显不如第一阶段。有关防守中的若干技巧，有许多是和进攻中的技巧相通的。比如说忍让、记牌、顶牌、放牌等等。下面我们就着重介绍防守（逃脱）方和头家（抓人）方如何利用各类技巧，最终获取较理想的结果。

① 防守中的记牌与忍让

由于对战双方在进攻阶段都消耗了相当数量的大牌，因此在防守阶段，记牌对于防守方和头家方来说，都是相当重要的。需要说明的是，此处所说的记牌，主要是指对于大小怪、将牌这些关键大牌以及 A、K 等次级大牌的记忆。有关大牌记忆技巧，前面已有介绍，这里不再赘述。应该说，在防守阶段，对于外面的大牌数量尚能准确掌握是比较困难的。但若想提高牌技，却又是必须的。只有这样，才能在关键时刻正确抉择，使局面朝着有利于己方的方向发展。请看以下几副牌例。

牌例 1 对方一号位抢得头家，而本方的四号位也已经走掉。剩余四家的持牌为：二号位♠K♣K♦Q♣8，三号位是♦2♥J♥J♦J♠8♠8♥8♣8♠3♥3，五号位♥2♥2♥K♣9♥4♥4♦4♣4，六号位大怪♥A♣A♠A♠Q♦Q♣Q♠8♣8♠6♠4♦4♦3♦3♠3。轮到六号位出牌，由于同伴听四张牌，故放一对 6，二号位上一对 K，三号位 pass，轮到五号位考虑了一下，由于六号位是直线放牌，而且同伴也未听牌，所以两将未上。二号位出单张 8，下家即刻上将牌（如果让同伴过 K 的话，可以将六号位抓住），听十张牌。轮到六号位，该如何应对？有不少牌手可能会慌忙地用大怪压上，然后把同伴放走，并希望自己的 Q 拖还能管住三号位的五路。却不料三号位是五张 8，最后六号位被抓。实际上，六号位只要记住了外面还有两张将牌以及陪怪五 Q 是最大的五路，就完全可以忍让。因为五号位听八张，并非三将路子。所以在准确掌握了外面将牌的情况后，便可以放心地 pass。当三号位出 5 俘房听五张 8 时，假如五号位 pass，六号位此时绝不可以试图以 Q 拖阻击，那样的话，三号位的五张 8 给五号位借风，五号位 4 拖做大，再两将翻牌，六号位自己都得搭进去。所以，对于 J 俘房必须冷静地再次忍让。就算三号位翻牌是 8 拖，也并不足惜。五号位借风后，由于他除去两将还有单张 K 和 4 拖，所以无论如何也无法脱身。有人可能要说，在 J 俘房上，五号位的 4 拖过掉就好了。如果真是那样，六号位此时可以选择陪大怪五 Q 压住，然后单张 8 把同伴的 Q 放走，再用 A 接回听 A44333，五号位如忍让，则再出单张 A，由于五号位所剩的三张牌都比三号位大，所以只能走掉给六号位借风，三号位反过来被抓。

牌例 2 同样是对方一号位抢得头家，本方二号位也已走掉。其余四家持牌为：三号位小怪◆A♣A♥9♠7♥7♦7♣7，四号位♠A♥A♠9◆9♥9♠8♣8♥3♦3，五号位◆10◆10◆10♣10♣10◆9♠8♣7♠6◆6♥5，六号位小怪♥2♣2♣J♣8♣7♠6♥6♣6♠5♣5♣5♣4。现在五号位握有牌权，他通过回忆，判断五张 10 已做大，所以 5～9 垃圾出手，听五张 10 和单张 6。轮到六号位，他算到外面已经没有将牌，三号位还有一张小怪（前面曾在单张上对同伴的将牌问过牌），还知道三号位还剩八张牌，同伴剩九张牌。通过记牌，他知道还有四张 A，基本上应该平均分布在三、四号位手中（因前面单张时两家均未过 A）。为保留变化，六号位正确地选择了 pass。三号位此时判

89

断同伴是靠强五路翻牌，最后单张交班。按理说应该过掉 7 拖，等待同伴单张交班。但由于外面还有一张小怪，而且确定在六号位手上（前面曾对自己的将牌问过牌），另外，三号位通过记牌，算到外面还有两张将牌，最主要是下家还剩九张牌，应该是一手五路和两个对子，所以过 7 拖没有什么好处，于是也选择了 pass。轮到四号位过 9 俘房，五号位五张 10、单张 6 交班。六号位过单张 J。三号位为和四号位保持牌型同步，便过了一张 A，听小怪 A97777，四号位 pass。六号位此时已经对三号位的牌有了比较清晰的认识：单张小怪和 A 加一把五路，五路级别应该小于自己的陪怪五张 6，否则在单张 J 上可以直接上小怪，然后靠五路拼抓两家了。所以，对于三号位的单张 A，六号位便可上 ♥2，然后出一对 5。假如三号位顶陪小怪两 A，他就陪小怪两将再一对 6，听花连和单张 6，等借同伴风后，再靠花连翻牌。假如三号位七张牌一直不动，让四号位走掉给六号位借风，那他就 ♣87542 出手，听陪小怪五张 6，由于三号位陪小怪五张 7 压住的话，还剩 A、9 两个单张，所以他无法获胜。回到前面五号位单张 6 交班，六号位过 J 时，如果三号位 pass，此时六号位行牌就要小心了。假如仍放一对 5，三号位一对 A，他一对将牌再放一对 6，同伴走掉给他借风，由于多了单张 6，花连也不过关，所以被抓必然。因此单张 J 拿牌权时，空扔花连是正着，然后放一对 5，三号位便无处可逃。当然，假如三号位手中有一把比花连大的五路，并且净多小怪和两 A，那将被抓两家，但毕竟可能性极小。所以，为救同伴，冒一点风险还是值得的。

牌例 3 本例要求大牌记到 K。一号位头家，其余三家相继走掉，现只剩下六号位和三号位 PK。他俩也算是记牌高手，对各自手中的怪、将牌和 A 的情况非常清楚。两家持牌分别为：六号位大怪

♥2♦2♥K♥Q♣Q♠J♦J♠9♣9♠8♥8♦7♥7♠6♦6♣6,三号位♠2♠2♥A♣A♥K♦K♣8♠7♣4♣4♣3。六号位拿牌权,问牌后三号位"不报",于是出一对8,三号位不加思索地上一对A,六号位再问牌后,得知对手剩九张牌。经过思考后,判断他为一对将牌和一对小于8的对子以及一把五路,所以就用一对将牌压住,再出单张K,准备对手pass后再出一对9。三号位此时果断地上将牌,六号位忍让,三号位再空扔将牌,听KK和♣垃圾,六号位此时再上大怪(恐三号位五路奔牌),再出一对9,当三号位亮出两K时,六号位只有为自己没有记住K而感到后悔。在这里,我们首先要对三号位的两A表示赞赏,正是由于他没有习惯性地上两K,导致了六号位的判断失误。其实六号位在两A时上两将也并非完全没有道理。假如三号位剩余的九张牌是一对8、一对将牌和一把花连之类的五路,那上两将完全是正确的。因为如果pass的话,三号位出五路,要把他的大怪逼出(陪大怪五张6),然后单双被锁死。但关键点在于六号位对K的数量没有记清楚,假如他知道三号位手中还有两张K的话,那么,对于两A唯一正确的选择就是pass。假如三号位的九张牌是22KK和一把大于6拖的五路,那么他无论如何也无法逃脱。把上面两手牌稍微变换一下,假如六号位持大怪♥2♦2♠A♦A♥K♥Q♣Q♠J♦J♠8♥8♦7♥7♠6♦6♣6,三号位持♠2♠2♥2♥A♣A♥K♥K♦K♥8♦8♣8。牌局之初三号位曾上手出过三张3,然后三Q被四号位三K管住。现在轮到六号位同样出一对8,三号位上两A,此时对于他的九张牌,两将该否忍让?如果你记住了对手有三将之外,还有三张K,而且前面又是出过光三的,那你的两将就绝对要上,然后再一对J,对方一对K,你一对A,再对子。对方唯一翻牌的可能就是一对将牌,然后一把将牌和K的同花垃圾脱手。

本例主要说明了对 A、K 等次级大牌的记忆，在防守战中是何等的重要。诚然，对于许多牌手（尤其是老年牌手）来讲，能够记住大小怪以及将牌这些关键大牌就已经很不容易了。但对于广大中青年牌手来说，只要稍加努力，养成良好的记牌习惯，记住 A、K 等次级大牌还是完全有可能的。可以这样说，在防守阶段，对于关键大牌和次级大牌的准确记忆，往往会对最终结果具有决定性的作用。

下面我们再来看看记牌与忍让对于头家方抓人的重要性。

牌例 4 三号位走头家，五号位同伴和对方四号位也相继走掉。其余三家持牌分别为：一号位大怪 22Q10109999，二号位 AKKKJJJJ77，六号位大怪 22J101088877333。现在五号位走掉，单张小牌交班，六号位过 J，一号位怎么办？首先，我们假设五号位是垃圾交班，六号位过 3 俘虏，一号位该如何应对？相信此时绝大部分人会顺手上 9 拖，心想自己听陪大怪将牌俘虏，外面总共还有一大怪两将，抓一家应该没有问题。却不知正因为这随手一跟，导致了一号位被抓，下家 J 拖，K 俘虏交班，六号位陪大怪 8 拖，将一对翻牌。假如一号位 9 拖不跟的话，那就可以稳抓对方一家。下家过 K 俘虏，此时一号位继续忍让，让下家 J 拖给六号位借风（假如一号位真能算到下家是听一把 J 拖而忍让的话，那他绝对是一位顶尖高手）。由于六号位此时还剩九张牌，所以最终无法避免被抓。

回到前面，现在五号位单张小牌交班，上家过 J，一号位该否忍让？可能会有不少新手会选择忍让，理由是下家也是十张牌，只要他动我也动，只要管住下家即可。却不知，这一忍又等于回到了前面所说的五号位垃圾交班。由于六号位单张 J 出牌（少了一手牌），因此，3 俘虏出手，无论 9 拖忍让与否，都无法逃脱被抓的结果。所以对于上家的单张 J，一号位必须过 Q！道理很简单，外面一共还有一大怪两将牌，所以两将是过关的，而过 Q 以后，在五路上 9 拖变成了陪大怪五张 9（基本上可以确定过关）。所以过 Q 实际上是增加了控制范围。现在一号位控制着二路和五路，也即对方的行牌线路唯有单路和三路（一旦让一号位过了单张 10，那就可以直接翻牌）。对于单张 Q，二号位过 A，听 KKKJJJJ77，相信此时会有不少牌手分将牌压制，然后出一对 10，听大怪 29999。这样，由原来的控制二、五路变成单路和五路。由于此时对方均已无单张，而且一大怪两将牌还在，所以二号位只要分一对 J，然后二、三路分打，就能把一号位绞死。究其原因，还是在对于下家的单张 A 没能忍住。如果将牌不上，那么不管对手如何腾挪，都难逃至少被抓一家的结果。其中演变过程并不复杂。有兴趣的读者不妨自行演绎一下。当然，如果算到外面已没将牌，那对于单 J 就该直接大怪，然后靠两将翻牌。

牌例 5 你是一号位，两家同伴已经走掉，由你负责抓人。持牌如下：大怪大怪♥2♦2♠A♥K♦K♥Q♦Q♠7♥7♣7。外面还有一大怪一小怪和三张将牌。前面对方的四号位和六号位分别出过三张将牌。现下家听七张牌（基本上可以确定是两将路子）。根据对方所剩的大牌和你的持牌情况，抓一家基本上没什么难度。假如对方（如四号位或六号位）牌不整的话，或许可以多抓一家。对方各家持牌分别如下：二号位♥2♣2♥10♣10♦10♠5♣5，四号位小怪♦2♠A♠A♥A♣A♠A♣J♠J♥9♥9♦8♣8♥7♠7♠6♠5♠4♥4♠3♣3♣3，六号位大怪♣Q♠J♥J♦J♣J♣9♠8♣7♣5。现在轮到四号位出牌。应该说此时他是有一些危机感的，因为他没有大怪。而从两家同伴的听牌情况来看，一号位应该有一到两张大怪和两张将牌，关键是四号位牌虽多，但并不整（有多余单张）。如果想修整的话，那就该出小单张，争取将牌回手，再出五路，这样或许可以走掉两家。

但实际情况是，一旦让一号位过掉单张 A 的话，防守将会遭到灭顶之灾。以后防守方无论如何抵抗，都难逃被"包饺子"的厄运。所以，为顾全大局，四号位还是选择了放一对 9，希望同伴两将上手再五路交班，这样至少可以走掉两家。现在轮到一号位考虑，由于有现成的两将，当然不能轻易地让下家上手，所以先用两将停住。对方三家很快地 pass。接下来的一手牌就比较关键了。此时实际上就是考验一号位的记牌功力了，而此处最主要的大牌记忆，就是对外面 A 数量的记忆。假如他算准了外面还有三 A，那就该 7 俘虏出手，然后陪两大怪五 K 拼牌，除非外面的大小怪和三 A 同在一家手中，你才会失败，但这种概率非常小（刚才他上两将时，对方三家都 pass 得非常快，说明了大小怪不在同一家手中）。而实战他记住了外面还有四 A，而且回顾前面的打牌过程，下家动过两 A，上家动过一 A。那剩余的 A 就基本上可以肯定在对方四号位手中了。那此时出 7 俘虏，拼陪两大怪五 K 过关的可能性就很低了。看样子似乎只有出单张 A 管住下家了。但这手牌只抓住下家，显然并非最佳结果。假如他在算出对家有四 A 的同时，还算清楚外面已经没 K 了，那么，最佳打法就是出三张 7，手里听大怪大怪 AKKKQQ 八张牌，四号位由于不能让你过三 K，打听大怪大怪 AQQ 五张，只能用先上三 A（假如让你过三 K 后再三 A 压住，则只能出五路放六号位走掉，否则全军覆没），四号位顶三 A 后，由于单双不能出（如出对子，让你过两 Q 的话，又可以形成两大怪上手，三 K 奔牌；如出单张，则直接上大怪，形成三 K 和陪大怪三 Q 奔牌），只能出五路。而在五路上，你可以放任四号位五路到底，只要二号位接牌，你就 KKKQQ 管住，听大怪一对和单张 A。这样，由于四号位三 A 用掉了，牌也无法配整，所以最终只有六号位一家可以靠五路走掉。本例一号位能够抓住对方两家，可以说是最理想的结果。当然，这一切都是建立在他对于次级大牌 A 和 K 的张数有着清晰的记忆这一基础上，否则的话结果很可能是只抓一家甚至"白斩"。

类似以上各例的情况，在"大怪路子"中会经常出现，只是由于许多牌手未能养成良好的记牌习惯，而时常会在局后感到懊恼。我们希望广大有志于提高牌技水平的读者，能从记住关键大牌（大小怪、将牌）开始，逐步深入到对于次级大牌（A、K 等）的记忆。只要有艰辛的付出，终能获得丰厚的回报。

② **防守中的跟牌、顶牌、放牌**

在防守阶段，有时跟牌、顶牌与放牌，也是需要一些技巧的。主要表现为跟与不跟、顶与不顶，跟牌与顶牌的级别大小以及放牌次序选择等等。需要强调的一点就是，要养成不随意跟牌、不盲目顶牌的习惯。在很多场合下，为了不使大牌阻塞，常常需要弃大留小。而在顶牌方面，则要留意敌方（主要是下家）的大牌出现情况、留牌张数等，再采取相关对策，争取最佳结果。下面我们仍以实战牌例说明。

牌例 1 对方二号位头家，一号位同伴也已走掉。其余四家持牌如下：你（三号位）♠2♠2♥2♦A♦A♥9♦9♠9♣6♣6，四号位大怪♠2♥2♦2♥Q♠J♥J♦J♣10♥6，五号位♠2♦2♣Q♠Q♠10♥10♥10♦10♠9♣9♠5♣5♣5♥4♠3，六号位大怪♦A♠Q♥Q♥Q♦Q♦Q♦Q♦10♦7♥4♣4♣4♥3♣3。现六号位大怪上手出 3♥3♦3♣4♥4♣，留五 Q 和♦AQ1074。你是否跟牌以及跟哪一手牌？很明显六号位这十张牌，定是一大一小两把五路。而偏偏下家此时也听十张，你习惯性地跟了 99966，下家和同伴 pass，六号位五 Q 翻牌，♦垃圾交班。由于下家刚才 4 俘房都不要，很明显非一大一小两把五路的牌型。由于外面只有一张大怪，所以你听将牌俘虏也不愁走不了，于是选择 pass，下家也 pass，同伴接 5 俘虏，下家 pass，同伴出一对 9 听九张，下家两将，然后出单张 6，手里听大怪 2Q10JJJ，同伴 pass，你将牌上手，再两将，一对 A 交班。由于同伴没有大怪，所以不得已用两将接牌，再 10 拖拼牌。由于四号位正好有大怪 J 拖，结果五号位同伴被抓。问题到底出在哪儿？有一定功底的牌手可能已经有了答案。回到前面，六号位大怪上手出 4 俘虏时，你跟 9 俘虏不算有错，错主要在于你在 9 俘虏上对子搭了一对 6。假如搭走一对 A，听 22266，那结果就可能不一样。如果按上面进程，你将牌上手后，交班一对 6，下家没法借风，五号位同伴便能全身而退。其实你要想明白，六号位最后一定是五路交班，假如四号位也是一大一小两把五路，而五号位同伴又管不住他较大一把五路的话，那你俩注定被抓。比如说下家听大怪 222QJJJ10，那你 9 俘虏时他可上陪大怪 J 拖，如过关则将牌俘虏交班，两家被抓。假如同伴能管住陪大怪 J 拖，则六号位五 Q 走掉，同时三号位走，五号位被抓。总之，在跟 9 俘虏时，一定要摒弃习惯思维，把一对 A 搭走，毕竟你的下家是敌方而非同伴。另外需要说明的一点是，在五号位 5 俘虏时，四号位立刻陪大怪 J 拖下，则能抓住五号位，但毕竟五号位牌张在十张开外，所以选择 pass 也不能算错。

牌例 2 对方三、五号位两家已走掉，而本方两家同伴均未逃脱。四家持牌如下：一号位大怪♥K♥K♣K♣K♣K♠Q♠10♣10♣10♣9♦9♠8♠8♣6♥6♦6，二号位大怪♣2♥A♦A♣A♦J♦J♠5♠4，四号位♦A♥10♥8♥8♣8♣3，六号位（你）小怪♣2♣2♠A♠A♣K♥Q♠J♠10♠10♦10♦5♣5♠5♠5。轮到一号位两将上手（前面曾经还动过一张将牌），出 6 俘虏，二号位 pass，四号位上 8

拖，你 pass，一号位直接上五 K，听七张，二号位稍加考虑，判断他应该是一大一单和一把俘房，所以作出了陪大怪五 A 压制的正确选择（假如放过，将两家被抓），然后出单张 4，四号位过 10，轮到你出牌。很明显，唯一一张大怪在一号位手上。外面还有一张将牌，假如也在一号位手上的话，那么已经无力回天。如果你记住外面还有一张 A 的话，那不是在四号位同伴手中，就是在一号位手上。为防止下家是一大怪一 A 一把五路，所以，你唯一正确的选择就是顶 A，下家 pass，二号位将牌接住，然后单张 5，四号位单 A 走掉。现在情况明了，下家就是一大怪一单张和一把五路的牌型。由于二号位同伴还听一对 J，所以你借风后，放一对 6 就可以把下家抓住。本例单张顶 A，对于高手来说，是很容易想到的，但对于一般牌手来说，可能会一不留神让一号位过了单张 Q。假如那样的话，那二号位陪大怪五 A 的努力算是白费了。

牌例 3 和上例一样，本方三打一。四家牌如下：一号位大怪 ◆Q◆Q♥Q ◆10◆9◆8◆8◆7♥4♣4，二号位单张小怪，四号位 ♥A ◆A♠K◆K◆K♠Q♠J♠9♥9♠8♠7♠6♥6◆5♠5◆4♣3，六号位（你）♣2♠A♥A♣A♣A♣Q♣Q♥10♥10◆4♣4♥3♣3。一号位手握牌权出 Q 俘房，听大怪路子，四号位过 KKK99，一号位 pass，四号位再出 3~7 杂顺，听 AA 和 ♠QJ864。你应该庆幸同伴有这把 K 俘房，否则轮到你上 A 拖就露馅了。现在二号位同伴已被一号位锁死，你方的唯一目的就是争取四、六号位能够逃脱。那对于同伴的 3~7 顺子，你是否应该过牌？可能有不少初级牌手会随手过 33344。他一定会这样想，我没有单张，同伴又是听七张牌，反正一号位垃圾也不要，我不妨过了 3 俘房，然后再一对 Q 和一对 10，听 A 拖，让四号位对子接住，五路交班。他却没有想到，3 俘房一过，只剩九张牌了，首先，这已经增加了一号位五路搏牌的可能，其次，假如你一对Q，同伴可能直接一对A上手，♠垃圾交班。而当一号位见到两A时，就几乎可以肯定会用陪大怪花连搏牌，导致两家被抓。由于你方还拥有一张小怪，最主要是，你手里还有十多张牌，假如小怪在你之手，而且还有四张小3，那他花连搏牌岂不是自寻死路。很多场合下，垃圾不要并不等于清五也大，对手很有可能是在等待某些关键性牌张的出现。因此，牌张较多的一家切记不要随意跟牌而暴露牌情。假如把上面一号位的六张牌换成是大怪 KKKK8，相信在四号位3~7顺子时，他至少有一半的可能会选择 pass，因为你方还有一小怪六A，而且这些关键牌张应该绝大部分在你手中。一号位在可以稳抓一家的情况下，是很有可能会放过四号位的。总之，在面对四号位3~7杂顺时，你应该笃定又自信地 pass，四号位此时也应配合，继续出♠QJ864垃圾，一号位多半也是 pass，当四号位两A给你借风时，一号位即使醒悟，也为时已晚。你可以出一对10，然后三张3，再一对4，一对A，♣2AAQQ 扬长而去。假如他碰你三张3，则你可三A，然后♣2AQQ4，单张4脱手。原来你方可能丢5分甚至8分，由于你的冷静，结果只丢3分，获得了最理想的结果。

牌例4 对方一号位头家，五、六号位也已走掉，你（二号位）和三、四号位持牌分别如下：你持♠2♠K♥K♦K♥10♣10♦6♦6♦5♣5，三号位♠2♦2♠J♦J♣J♠8♥8♦8，四号位小怪♠A♦K♦K♣J♣10♥9♦9♣8♣7♠7♣6♠5♥5♦4♦3。轮到你出牌，你知道外面还有两将一小怪，而且两将多半在下家手中，而小怪应在同伴手上（否则你和同伴都难逃脱）。由于你多对子，而且下家是8张牌，所以，出一对6，下家 pass，同伴问你牌张，在得知是八张后考虑了一下，然后 pass。你再出一对10，下家 pass，同伴一对K接牌，下家考虑了一下然后 pass。同伴出单张 5，你该如何选择？有一点可以明确，小怪一定是在同伴手中，而且同伴手中的五路应该大于下家的五路，关键是你是否要顶将牌然后走掉。在作出决定之前，你先要对下家以及同伴的牌作个大致的判断。下家基本上应该是两将一单和一把小于同伴的五路，或者是两将两把光三的牌型（先前他小对子都没要）。而同伴是用两 K 来接你的对子，然后出单张，说明他至少还有一到两个单张，剩下的应该是五路牌型。假如此时你顶将牌，那你就必须走掉了，但最后用什么交班呢？假如你 K 俘虏交班，这就要求同伴有两把大于 K 俘虏的五路方能取胜。你认为这种可能性有多大呢？假如你三 K 翻牌，一对 5 交班，由于同伴对子接牌非常困难，下家可以要求借风，然后像本例他就可以不用上两将，直接三 J 就把同伴给抓了。所以结论是对于同伴的单张 5，你绝对不可顶将牌走人，你的三 K 必须留着对付下家可能的三路，pass 是唯一正确的选择。当你 pass 后，如果下家过 8 或 J，同伴可过 A，下家如再上将牌，听单张将牌和一把俘虏，同伴可以怪上手然后顺子和花连，单张交班，你再单张将翻牌。如果下家直接顶将牌听 2JJJ888，同伴可以忍让，当他三张 8 时，由于你的 K 俘虏还在，便可用三 K 管住，然后将牌，一对 5 交班，同伴可以陪小怪两 A 接手，然后，两把五路走掉。总之，在你判断出外面关键大牌的数量以及大致的牌型之后，完全不必盲目顶牌，草率地一走了事。

牌例 5 你方三号位同伴三将奔牌居然被对方四号位三怪压制，而且四号位还抢得头家。剩余五家持牌如下：你（一号位）♠2♠A♦A♦Q♣Q♥J♣J♠10♣10♣10♠9♥9♥7♥6♠5♥5♦5♦4♠3♥3♦3，二号位小怪♦K♣K♠8♥6♦6♠4♦4♣4，三号位♥9♠8♥7♠6♥5，五号位♥2♣2♠Q♠Q♥Q♥Q♣Q♥10♦10♦10♠6♠6

♠5♦5♥4♦4♠3♣3♥3，六号位♣2♥A♠J♦J♣J♦6♦9♣9♣9♦3♣3。现在你握有牌权，该如何放牌？首先提示一下，一般强牌（如三将、二将、五A等）奔牌，所剩的最后一手牌，往往是很弱的牌。也就是说三号位这把五路通常会很小。由于下家（二号位）还有九张牌，五路上或许还能阻击一次，因此，你必须做好二次放牌的准备。为放两把垃圾，拆四张5是必须的，而且此处的放牌技巧和进攻时相同，必须先放次小的一手垃圾，所以，此处最合适的放牌就是♠109955（♠7留着，以备二次放牌），假如三号位同伴能够走掉，则你仍有保留3拖的可能。对于♠垃圾，二号位过4俘虏，势所必然。这倒不是他刻意阻击下家，因为假如下家的五路大于他的4俘虏，此时不过牌，今后二号位断然无法保证自己全身而退。现在三号位因过不了而pass，五号位由于上手无牌可放也pass，六号位见三号位4俘虏都走不了，所以9俘虏也没上，一号位JJJ1010上手，放出"备用"的3~7垃圾，三号位5~9垃圾走掉。尽管你拆了两把拖，把牌做小了，但不管怎样，救走了三号位，也算成功了一半。现在三号位垃圾脱手后，五号位上10101044，六号位pass，五号位出一对6，轮到二号位上一对K，五号位pass，你上一对A，然后出单张5，二号位pass，五号位过Q，六号位A，你将牌压住，下家最后一张小怪翻牌，单张交班。五号位知道外面还有最后一张将牌，但不知在谁手里，所以选择pass，六号位单张将牌上手，然后9俘虏，一号位听333QQ走不了，五号位见外面已无将牌，且下家是六张牌，手中的五Q又是最大，所以选择pass，六号位信心满满地五J奔牌，却不料上家手中还有五Q（前面已经出过一张Q）。但五号位五Q上手后，也没细想，就两将翻牌，33355交班，一号位正好被顶死，六号位十分幸运地借风而走。此处最后五号位放一把3俘虏正好顶住你的3俘虏，确实属于小概率事件，但五号位如果最后在交班时能够更细心一点的话，还是能避免此类事情发生的。所以，五号位五Q上手后应三张3（一对5也行），假如同伴为一把俘虏，则对子交班给他借风。像本例恰巧三张3碰头，则五号位再一对将牌、一对5交班，你可用2Q接牌走掉。而万一你是听前面那把♠109955垃圾的话，此时可以用对子接牌走掉。总之，在最后的放牌环节，把3俘虏分拆放（前提是对子较小），要比直接放3俘虏更为合理些。

牌例6 对方一号位头家，三号位也已走掉。而本方一家都未走掉。所剩四家持牌如下：二号位♠A♥Q♣Q♠10♦10♣10♠7♥7♦7♠5♥5♥4♦4♠3♦3♣3，四号位♠6♥6♣6♦6♣Q，五号位小怪♦2♥K♥J♣J♥9♦9♣9♠9♠7♠6♠4♠3，六号位♠2♥2♠8♦8♥5♥5♦5。现在二号位握有牌权，该如何放牌？外面还有一小怪三将。六号位同伴七张是较为明显的两将路子，那另外一张将牌多半应在对方五号位手中，最后一张小怪在谁手中尚不明确。从常识上来讲，应该先放牌张较少的同伴，最好是一手能够放走的同伴，所以，由于二号位可能只有一次牌权，看上去只能先3俘虏把四号位同伴放走再说。如果真是那样的话，由于二号位和六号位手中都没有五路，四号位走掉给五号位借风，二、六号位两家被抓不可避免。像本例，一家同伴听五路，一家同伴听两将路子，外面总共只有一小怪一将，所以对方五号位要抓本方三家的可能性是几乎没有的。因此，二号位大可不必慌忙地先把四号位放走。而应先放一对4，五号位多半会过一对J，希望下家非两将路子，或者两将以后的交班五路大于四号位的五路，这样或许还有抓两家的机会，但实际上，六号位既是两将路子，交班又是5俘虏，四号位便可接着走掉。尽管最终二号位被抓，但这已是本方能获得的最理想结果了。回到前面，假如二号位一对 4 时，五号位不过一对 J 而直接陪小怪两将，但接下去还是只能出♠垃圾放走四号位，所以也同样无法抓三家，况且，假如 9 拖不过关的话，自己也将被抓而"白斩"。总之，先放对子，最坏结果也就是两家被抓，而先放五路，像本例只能走掉四号位一家，孰优孰劣，想必大家心中都有答案了吧。

③ 防守阶段的问牌以及最后交接

在防守阶段，尤其是在残局阶段，了解对手或者同伴的持牌张数是十分重要的。因为它对于如何放牌以及如何完成顺利交接都有着十分重要的指导作用。对于每一位牌手来说，都要养成勤于问牌的习惯。"大怪路子"对于每位牌手的问牌次数是没有限制的，所以，在防守阶段的后期，要有反复问牌的习惯。比如说，对方某家出单张，轮到你问牌，他回答"不报"，过后他又跟了一个对子，轮到你只要有条件，就必须继续问牌，一直到他报牌（十张之内）为止。对于敌方的关键大牌（如单张小怪、一对将牌），只要你能管住，就必须问牌。因为在绝大多数场合，了解敌方的牌张远比隐藏自己的关键大牌来得更加重要。在实战中，因没问牌而放走敌方，或在关键大牌上没问牌就 pass 而让敌方逃脱的例子比比皆是。可见养成勤于问牌的习惯，对于提高防守成功率是何等的重要。以下用几副实战牌例予以佐证。

牌例 1 一号位头家，二号位也已走掉。剩余四家持牌分别为：三号位大怪♠2♦2♠K♣K♦J♥10♦10♣5♣7♠6♠6♥5♥ 4，四号位♦K♦Q♣Q♣9♣9♥8♦8♥6♣6♣6，五号位小怪♠10♦10♦10♣ 10♠4，六号位♠2♥A♣A♣5♣5♥5♠4♥ 4。现在三号位握有牌权。他非常仔细地询问了各家的持牌张数，分别为下家十张、同伴六张、上家八张。同伴曾在先前四号位五张 3 时问过牌，故大致应该是一把拖和一张小怪,对方应该还有一将两 A。三号位由于多对子,而且还有一把垃圾,下家又听十张牌,所以很自然地出一对 6,下家过一对 8,同伴 pass,上家顶一对 A,三号位一对将,正确!否则上家一把五路逼五号位走掉,无法顺利交班。三号位一对将牌后继续一对 10,下家一对 Q,他一对 K 继续拿牌权,此时他没再问牌,而是习惯性地出单张 J,听大怪路子,准备垃圾交班,没想到下家正好过 K,听 6 俘虏。三号位无奈,只能眼睁睁地把下家放走(假如五号位先小怪,三号位大怪不上的话,三号位还将被抓),到手的 5 分,变成了 3 分。假如三号位两 K 拿牌权时再问一下四号位的持牌张数(六号位已无关紧要),得知他还有六张时,就不会出单张 J 了,而是应该出垃圾,让同伴五路翻牌,单张交班。由于三号位的大怪已独一无二,所以四、六号位两家无处可逃。综观残局整个过程,关键之处就在于三号位应该在下家过了两个对子后,再询问一下持牌张数。可能有人会认为,前面刚刚问过牌,人家报牌"十张",现在连过两个对子,摆明了还剩六张,再次问牌,实在多此一举。话虽没错,但在实战中,因为不问牌而犯下低级错误的例子确实时有发生。作为一名高手,在明知对手(或同伴)准确牌张数的情况下,再次询问确认,是一种良好的习惯,它能大大降低犯错概率,从而在最后阶段规划和设计出最完美的行牌线路,取得最佳结果。

牌例 2 对方一号位最后靠陪小怪五将翻牌,垃圾脱手,抢得头家。其余各家持牌为:二号位♥2♠A♣A♦Q♣Q♥10♣10♠7♦7♣7♣7♥6♣6♦6♠5♠5♥4♥4♦4♠3,三号位大怪小怪♥2♦A♦A♦K♣K♠K♠10♠10♣10♠9♥9♦9♠8♣8♥6♥5♣5♠3♥3,四号位♦2♠A♥A♣A♦Q♥Q♥10♦10♣10♠8♠8♦7♣6♣6♠5♥5♠5♠4♣4♦4,五号位♠2♣2♠Q♣Q♥J♣J♣J♣J♦9♦6♦5♦3♦3,

六号位大怪大怪小怪♠K♥K♦K♣K♠J♣9♦9。六号位留着这十张牌，居然没有抢到头家，确实非常郁闷，或许是进攻中某些环节出现了问题。但不管怎样，牌局还在继续。现在一号位垃圾交班，二号位由于是直线路子，又有两把小拖，为防止下家过小五路而直接上4拖，非常合理。三号位上9拖，四号位pass，六号位当然不会轻易走掉，二号位管不住，也只能pass。三号位拿牌权后出一对5，四号位过♠6♣6，配成一把♠4～8花连。五号位一对Q，二号位一对A，三号位pass，五号位一对将牌，六号位想都没想就pass。五号位♦96533出手，六号位此时才想起问牌，五号位已听五张，由于自己同伴牌张都很多，六号位只能pass，二号位过66655，三号位过10101033，四号位♠4～8花连阻击，被五号位五J带走。六号位"被迫"借风。在得知二号位同伴还剩九张牌后，放了一对9，二号位一对10，三号位一对A，四号位因独将而只能pass，六号由于有三怪在手，不惧三号位三将奔牌，所以考虑过后也选择pass，二号位也管不了而pass。三号位见八张牌都让自己出牌（最主要是六号位两A时考虑了一会儿），所以没有冒然陪两怪三将奔牌，而是选择了陪小怪两将，打听大怪路子，六号位此时已没法再忍，只能三怪后K拖交班走人。二号位借风后，出一对Q，然后7拖交班。由于四号位既没五路，牌也不整，最终被抓。看上去由于四号位牌太弱，最终未能逃脱也算合情合理。但其实四号位最后却是被六号位同伴所害，原因就在于五号位两将时，他还沉浸在未夺头家的郁闷之中，随口一声pass，成全了敌方。在防守阶段的后期，任何一手关键大牌，随后一般都会听出某类牌型，或者直接奔牌。像本例五号位两将后，即听一强一弱两把五路。而六号位只要有问牌习惯，在得知他听十张时，本来就无用武之地的两怪压上，然后随便出单张或对子，陪大怪五 K 瞄着上家的 5J，五号位最终必然是打听♦96533 一把垃圾而束手就擒。而且这里还需要说明一点，假如三号位的十张牌，单张将牌换成 A 或 8 的话，五号位五 J 交班，甚至极有可能三家被"包饺子"。如果那样的话，便真成了"千古奇冤"。

牌例 3 头家为一号位所得，二号位也随后走掉。其余四家持牌如下：三号位大怪大怪♠2♥2♠J♥J♥10♦10♣10♠9♠8♠7♠6♠5♠5♣5♠4，四号位小怪♠J♥J♣J♦J♦9♣9♣9♦8♦7♠6♥6♥5♣4♦3，五号位♥7♥7♦7♥7♠4，六号位♦A♥K♦Q♦J♣10♥9♣7。现在六号位握有牌权，出单 7，三号位♥2 拿牌权。他判断五号位同伴五张是一把中小级别的拖（其大牌点已消耗殆尽），故先放了一把♠98764，四号陪小怪 9 拖阻击，两家 pass，三号位见外面唯一一张小怪露面，断定下家在五路上已无法阻击，所以就直接陪两大怪五张 10 压上，然后单张将翻牌，555JJ 交班，不料四号位还有 J 拖可拦。更主要的是，四号位没有 J 拖搭 6，然后 4~8 杂顺走掉，而是 J 拖搭单张 4，然后出单张 5，手里留 8766 四张，由于五号位手里 7 最大，所以无奈被抓。确实，四号位的陪怪 9 拖骗招打得非常漂亮，直接导致了三号位判断失误。最后阶段的顺子拆打也非常精妙，既挽救了同伴也挽救了自己。所有招法，尽现高手风范。对手的出色表现，为他们争取了最大的利益，但它却不能成为我们自己犯错的理由。三号位在全面掌控局面的情况下，想当然地翻牌，五路交班，实在非高手所为。他其实就是漏掉了一个平常而又简单的细节，在四号位陪怪 9 拖时，只要问一下"还有几张牌"，一切均迎刃而解。当得知四号位还剩十张牌时，他的陪两大怪五张 10 还会上吗？我们假设四号位的十张牌是 3~7 杂顺，10~A 花连，那他该出什么？相信绝大多数牌手都会选择 3~7 垃圾放掉五号位，希望自己的花连做大而给同伴借风。但实际上三号位还在，结果一目了然。回到实战，假如四号位陪怪9拖时，三号位问牌得知他还剩十张。由于短路全控，三号位可任由四号位出牌。四号位最顽强的打法就是出一对6，希望六号位同伴接牌，同时又可缩短三号位的牌张，但实际上六号位六张牌是一把杂顺而无法接牌。三号位此时可以继续 pass。四号位由于还剩 JJJJ8754 八张牌，只有单张可出，六号位上 A，听 9～K 杂顺，三号位可以最后一张将牌上手，放出 101010JJ（千万别放 555JJ，否则将导致大牌阻塞，同伴依然被抓），四号位虽然还可以 J 拖阻击，但由于剩 87 两个单张，仍然无法逃脱。三号位可以在四号位剩单张 8 时上大怪，再传一对 5，听大怪和单张 5，五号位可以一对 7 再一对 7 走掉，单张 4 交班，5 分到手。以上过程，对方斗智斗勇，殚精竭虑，尤其是四号位，将防守技巧运用到了极致。虽然最终两家被抓的结局无法改变，但四号位的出色发挥，绝对可以称得上虽败犹荣。

牌例 4 头家归一号位，三号位也已走掉，现由你方三家对付五号位。各家持牌为：二号位♠2♣2♦7♦7，四号位大怪♠A♥A♦A♦A♦10♣10♣10♥8♦8♣8♠4♣4，五号位小怪♥K♦K♠Q♥Q♥Q♦Q♦J♣10♠9♦9♥8♥7♣7，六号位♠J♥J♣J♣J♦9。二号位拿牌权，出一对 7。现在局面比较明朗，二号位基本上应该是听两将给四号位同伴借风，而四号位有一大怪四 A，自己走掉没有任何问题，最主要是六号位同伴还留五张，而且其上家（五号位）牌张较多，关键是四号位只有两手五路可放，看上去六号位有点危险。现在二号位一对 7，四号位 pass，轮到五号位。五号位此时也很清楚，自己的牌力完全不足以管住二号位和四号位，唯一有希望的就是看住自己的下家六号位，但由于一对 9 和一对 7 当中都没有方块，否则在五路上可以有一把 Q 拖和一把陪怪方块花连阻击，六号位基本上死定。现在对于一对 7，五号位过一对 9，六号位 pass，二号位两将走掉，给四号位借风。四号位此时询问五号位牌张（这是良好的习惯，也是必须的过程），五号位"不报"，于是四号位放 10101044，五号位问上家牌张，在得知八张时，用陪小怪♦8～Q 花连阻击，六号位走不了，四号位也没作任何反应，五号位出一对 7，四号位两 A 压住，然后很自然地大怪，888AA 交班，五号位 QQQKK 跟着走掉，最后四号位很无奈地对六号位说："实在没有办法。"果真如此吗？让我们来剖析一下问题所在。首先，在五号位陪小怪花连时，必须问牌，了解其准确牌张，尽管陪大怪五 A 不可能压上（五号位在五张开外，非一手牌），在得知五号位剩七张时，再 pass，假如五号位出单张，便可大怪，再 AA，然后 888AA 交班，完全没有问题。其次，在五号位出一对 7 时，同样必须先问牌，再考虑对策。由于外面已经没怪没将，而且问牌后得知五号位也听五张，所以四号位两 A 以后，可以再单张 A，陪大怪 8 拖过桥，成功救活同伴。像此类牌例，相信大多数牌手都曾经历过。

牌例 5 四家走掉，桌上剩下一号位和二号位 PK。一号位持牌为大怪♥K♥10♦9♦8♣8♣8♣8♥7♠6♥6♥5♥5♣4♦3♦3，二号位留五张牌是陪小怪 A 拖。一号位由于只能在单张上有控制，所以出单张 9，二号位 pass，一号继续单♦3，二号位问牌，一号位"不报"，二号位 pass，一号位再单张 4，二号位再问牌，一号位仍然"不报"，二号位继续 pass，一号位单张♠6，二号位终于失去了耐心，上单张 A，一号位大怪，然后 8 拖和♥垃圾走掉。本例是"大怪路子"中较为常见的残局，其关键点就在于单张上 A 的时机。事实上，单张上 A 只有在一种情况下是正确的，那就是在对手整手（二

十、十五或十张）时。像本例一号位出单张 9 时，立刻上 A，此时一号位剩十五张牌，无论大怪上与不上，都无法全身而退。当然，在实战中，一般都很难记清对手的准确张数，所以只能任由对手出单张，但必须时刻进行问牌，或者让对手在十张时自行报数。像本例一号位出第四个单张时，继续 pass，一号位再出单张 10（剩十一张），仍然 pass，当他出 K 听十张时，再上 A（否则对手将陪大怪五张 8 翻牌），一号位依然无处可逃。当然，假如一号位手中的 ♣4 换成是 ♥4 的话，二号位唯一的胜机，就是在单张 9 时立刻上 A，否则将再无机会。而前提就是二号位必须记清楚对手的剩余牌张，否则还是一路 pass，等到对手十张时上 A 为好。毕竟这种打法的成功率还是较高的。

牌例 6　六号位头家，五号位随之走掉。其余四家持牌为：一号位大怪♠Q♦Q♥8♣8♠4♠4♥4，二号位♠2♦2♣2♠K♥K♠10♥10♦10♦10♥9♥9♣8♦7♦6♦5，三号位♠108543，四号位♥Q♣Q♠J♦J♠8♦7。先前三号位两将奔牌，被四号位两怪压制，然后拆分一把垃圾。而在四号位单张 A 时，一号位用大怪上手，放了一把 6 俘虏，二号位用 J 俘虏就阻击到位，然后短路传给四号位。现在四号位出单张 7，一号位分 Q，二号位上将牌拿牌权。在询问同伴也为五张牌后，出 5～9 杂顺，三号位表示感谢后，♠108543 走掉，四号位不整走不了，五号位过 4 俘虏，二号位 10 拖，然后两将、两 K 给四号位同伴借风，由于四号位多一手牌，所以被抓。本例四号位的打法完全没有问题。由于三号位的点子牌已消耗殆尽，所以两怪压制两将已把三号位打沉。关键问题出在二号位身上，他在下家已成死牌，而且短路已基本上控制的情况下，仅凭四号位同伴听五张牌，就采取了放垃圾的偷懒打法，却不料这一打法既放走了下家，又在最后无法挽救同伴。难怪局后二号位被四号位戏称为对方的"卧底"。二号位其实没有想明白，他放走了下家，最多也就是抓住一号位一家，而如果不放下家，充其量也就是走掉一号位一家。他唯一抓两家的机会就是，5~9杂顺三号位也走不了，同伴又是整牌走掉。但这种机会又有多大呢？所以，他唯一正确的打法就是单张5或9，当四号位单张8一过，一切问题不存在了，3分到手。"大怪路子"残局阶段，把垃圾拆打是常用的手段，前提就是对方某家剩一把小五路，短路已无大牌，而且己方至少能阻击一次，而对方同伴最多只能放一次。像牌例3中把4~8杂顺和本例的5~9杂顺拆打，都是十分明智的选择，希望大家能细细体会。

④ 提高成功率的其他一些重要因素

除了上面介绍的诸多常用技巧（或者说良好习惯），防守阶段如何提高成功率，还涉及许多重要因素。比如说，良好的形势判断能力、长期积累的比赛经验等等，都将影响牌局的最终结果。请看以下牌例。

牌例 1 一、三、五号位对阵四号位一家，四家持牌如下：一号位大怪♠Q♥Q♦Q♠10♦10♠9♠6♥6♦3♦3，三号位小怪♠8♥8♦8♦8♦6♣4，四号位小怪♦2♣2♦Q♣Q♣10♣10♥7♥6♥5♥4♥3，五号位♠A♥A♥K。现在，对于四号位的9拖，一号位思考了一下pass，三号位用陪小怪五张8管住，然后出单张4，四号位上将牌，五号位 pass，一号位如何应对？很显然，还有一些小怪在对方手中，最后一张将牌也多半不在五号位同伴手上，由于一号位在对子和五路上已经都很难控制，所以稍加考虑之后，还是用大怪管住，然后"牺牲"自己，放单张3，三号位单张6走掉，四号位继续上将牌，然后3~7垃圾出手，一号位恰巧有Q俘虏阻击，再对子把五号位同伴放走。尽管最后，四号位先出陪小怪 Q 俘虏仍可以抓两家，但实战的打法应该说非常正常，毕竟一号位在他 9 拖时曾有过停顿。在此，我们首先要对防守方一号位的大局观（危机意识）表示赞赏。尽管从明牌角度来讲，一号位大怪不上，也不可能三家被抓。但实际上，确实风险很大。如果一号位大怪让过，实战四号位多半会出一对 10 听小怪 2QQ 和一把垃圾，而五号位多半会用一对 A 阻击，这样就给了记牌高手们拼抓三家的机会，陪怪两将再 2Q 奔牌成功。另外，假如四号位手中这把顺子是花连的话，那么他空扔花连，只要过关，再一对 10，陪怪二将翻牌势不可挡。因此，此处上大怪体现了一位成熟牌手对局面的判断能力。毕竟先把下家同伴放走，最多也就丢失 5 分。而实战结果还放走了五号位同伴，一张大怪的效用发挥到了极致。

再举一个有些类似的例子，同样是一、三、五号位对阵四号位一家，防守方各家持牌为：一号位大怪♠A♠7♠6♠5♠4♣3，三号位♥2♦10，五号位♦J♦J♣J。现在轮到三号位握有牌权，出单张将牌。四号位小怪管住，一号位问牌，四号位"不报"，此时大怪是否该上？一号位知道，外面已无怪无将，在短路上，一号位绝对控制，而且五路上还有陪怪 4~8 花连，似乎问题不是很大。果真如此吗？四号位在三号位是直线路子的情况下，居然用唯一一张小怪管住，难道其用意只是想把他抓住吗？关键问题还在于四号位牌张还在十张开外，假如大怪不上，而陪怪花连又不大的话，会是什么后果。请看四号位上小怪后的手中持牌：♦K♠J♠10♦10♠9♣9♠8♣8♠7♦7♠6♦6♣5♦4。看清楚这十五张牌是三把五路牌了吧，♠7~J 花连，♦K10654 同花和♣9♣8♦7♠6♣5 杂顺，大怪不上的后果就是三家被"包饺子"。所以，大怪必上，而且不应有任何犹豫。但大怪以后，相信会有不少牌手选择单张 A 翻牌，垃圾交班。尽管不是最差结果，但由于两家同伴上家留三张、下家只留一张，所以五路交班，丢失 5 分是必然的。既然如此，何不先把下家放走，局面或许会有改观。所以最佳打法是大怪以后出单张 3，手中留♠A7654 同花垃圾。下家单张 10 走掉。而此时假如四号位 pass，五号位分 J 接牌，四号位单张 K 无论管住与否，都改变不了被抓的结局。四号位唯一取胜的线路就是先上单张 J，然后出一对 5，五号位一对 J，单张 J 交班，四号位单张 K，然后一路对子，一号位被抓。"大怪路子"残局变化真是奥妙无穷！

牌例 2 头家为三号位，剩余五家持牌如下：一号位大怪♣8♥7♥6♥5♥4，二号位♠J♦J♦J♣J♦7♠4♥4♦4♠3♠3，四号位♠2♠K♥K♣K♠Q♥Q♦Q♥9♦9♥8♠7♠5♥5♠4♦4♣4♥3♠3♣3，五号位♦2♣2♣2♠A♥A♦A♦A♣Q♦J♥10♦9♥8，六号位大怪小怪♥Q♦Q♣Q♦5。现在对子上五号位上两将，六号位问牌，五号位答"十张"，六号位考虑了一下后再 pass（六号为主攻者，在打听六张后，由于同伴牌力不强而未能抢得头家，以后就一直停了下来）。五号位垃圾出笼，六号位和一号位 pass，二号位过 4 俘房，四号位自认为是一手死牌，所以也没过俘房，五号位 A 拖走掉。一号位稍加考虑，认为六号位是抢头家的牌，又有两怪在手，所以 pass 让他借风。六号位无奈地被迫借风，只能出三 Q，准备大怪再陪小怪一对 5 交班。而四号位由于得知同伴有两怪在手，似乎看到了生机，所以用三 K 接牌，然后出单张 7，六号位大怪再陪小怪一对 5 交班，四号位一对 9 接住，然后四把光三，再对 8 听单张将牌，二号位四 J 在对子上接牌，单张 7 交班，一号位被抓。想必大家已经看出问题所在了吧。可以说，五号位最后 A 拖是最佳交班。假如五号位最后单张交班,那六号位必然是大怪,然后三Q再陪小怪一对5交班,就算二号位不接,四号位可以接牌,然后三张3,二号位三张4,再一对3,J拖交班,最终也就抓四号位一家。所以同伴A拖交班,一号位必上陪大怪花连,尽管花连过关的概率可能不到三成,但一旦过关那就是抓两家甚至三家的巨大收获。如果六号位六张牌是大怪小怪QQ55,那结果会是怎样?所以此时把大怪看成是一张♥8就是了。最终,一号位陪大怪花连拼牌,由于只有六号位能管住,但最后的单张5还是无奈把一号位放走,两家被抓。

牌例3 二号位头家,一号位随后走掉。其余四家持牌如下:三号位大怪小怪♥A♣A♣A♠A8♦8,四号位♠2♥2♥K♥Q♥J♥10♥10♣10♥9♠6♦6♦6♥4♥4,五号位♠A♦A♠K♥K♣K♦10♠9♦9♥9♠7♠3♥3,六号位♣2♠A♦A♣A♠K♣K♥7♥7♣7♠5♠4♠4♠4♥3♣3。现在五号位单张将牌上手出一对3,六号位一对K,三、四号位pass,五号位一对A,六号位pass,四号位问牌,在得知还剩十张牌后,用两将管住。此时三号位该如何行动?当同伴为十张牌时,想必大多数初学者会选择两怪压住,然后A俘虏交班,希望同伴在五路上成功翻牌,己方一分不失。如此简单、机械操作的结果,就是五号位同伴被抓。四号位的花连已做大,在短路上六号位又有一将三A,就算让三号位打听K拖,由于"援兵"早已远去,所以只能束手就擒。作为一名经验丰富的牌手,此时必然首先对四号位的两将进行问牌(给同伴吃上定心丸),然后不管他是几张牌,一律放行。因为他知道,只有这样才能确保只丢1分。由于有三号位这一"王牌主力"作为坚强后盾,所以五号位一定是安全的。以后不管对方怎样腾挪,其结果只能是走掉一家,但想全身而退,其概率为零。

牌例4 一号位头家,二号位走掉,其余四家持牌如下:三号位大怪♠A♥A♦A♣K♦Q♣Q♦J♦10♦9♦8♣8，四号位大怪小怪♣A♣A♥Q♣Q，五号位♠2♥2♣2♣A♠10♣10♥5♣3♠3♦3♣3，六号位♦2♣2♥J♥10♥10♣10♦9♣9♠7♦7♣7♣7。虽然四号位打听大怪路子，无奈五路实力一号位太强，最终一号位顺利地抢到头家。在防守阶段，四号位持这六张牌，为了在关键时刻帮助同伴，当然不会轻易走掉。现在轮到三号位出牌。他心里明白，四号位除大怪以外，一定还在其他牌型上有着较强的控制（如二路或者五路），否则前面在单张上早就走掉了。所以他出单张♣Q，四号位依然 pass，五号位过 A，六号位被迫上将牌（应该 pass，逼着四号位走掉，因为自己逃脱的可能性实在不大）。三号位的大怪名正言顺地压上。然后又有两种打法可供选择：先出 A 俘虏和先出花连。实战他在得知同伴也剩十张牌时，选择了先出花连再 A 俘虏交班的打法，结果六号位的 7 拖做大，五号位被抓。此处先出花连，只有在一种情况下是正确的打法，那就是五号位也剩五张牌，假如花连被四号位陪怪压住，自己的三 A 分拆，或许还有活命的机会。事实上同伴还有十张牌，更主要的是，四号位迟迟不走，必然是有其他牌型上的大牌控制。所以，作为一名有着丰富经验的牌手，此处必然是先出 A 俘虏，四号位如果 pass，五号位过 3 拖，六号位 7 拖，三号位花连给四号位借风，由于六号位最小的牌为 Q，而且总共只有六张牌，所以五号位的 2221010 正好可以管住六号位的 210101099，六号位无法逃脱。在残局阶段，牌张较少的一方（尤其是进攻阶段的主攻方），像上一牌例的三号位和本例的四号位，在可以顺利走掉的情况下迟迟不走，通常都是在各类牌型上都有很强的控制。有经验的牌手，在最后交接时，都会尽量设计给他们借风，逼着他们尽早走掉，或者在借风后无牌可出。

　　再举个例子，你是一号位，手持大怪 23，下家二号位（对方主攻者）

留六张牌为大怪大怪 AAA9，三号位 2288777，四号位 KKKK101044。现在单张你将牌上手，该如何交班？按照牌理来讲，同伴听七张（两将路子），哪怕同伴的上家也是七张，你都应该陪大怪一对 3 交班。但且慢，在外面还有两张大怪，并且已经没有将牌的情况下，对方让你单张将牌上手，允许你对子交班，这说明什么问题？答案很简单，两张大怪一定在对手一家手中，像本例一定是在对方的主攻者二号位手里，也即同伴的两将一定是不过关的，所以此时唯一正确的选择就是出单张 3，然后大怪逼迫二号位借风。由于二号位只有一张 9 可以传牌，只要四号位接牌，三号位就可以上将牌，然后再出将牌，最后借着二号位的强风而去。

牌例 5 本例是一次练习赛中出现的实战牌例，这是全局的最后一副（第六副），一、三、五号位方具有 2 分的领先优势。现在六号位拨得头筹，也即二、四号位还必须合力抓住对方一家，方能取得全局的胜利。五家牌手持牌如下：一号位大怪♥2♦2♣A♣A♥K♥K♦K♥Q♦9♥9♥7♥7♠5♦4♣4♠3♣3，二号位♠2♦2♣Q♦Q♥J♣10♣7♣7♣3，三号位♠J♦J♥10♦10♠8♥8♥7♦6♠5♠4♠3，四号位大怪大怪♠2♣2♣2♠A♥A♦K♣K♦9♣9♠3，五号位♠2♥2♥8♦8。现在轮到三号位出牌。请看实战过程：三号位 3~7 垃圾，四号位 pass，一号位因为是三家中牌力最强者，所以也选择 pass，完全正确！四号位过♣Q10773，手中留 22QJ 四张，三号位过 J 俘虏，留一对 10，四号位由于牌张较少（前面为放同伴抢头家所致），而且只需抓一家便可获胜，所以选择 pass，三号位一对 10 交班，四号 pass，五号位上两将，轮到四号位考虑，由于五号位前面 10 以上的大牌都已动过，况且又在四号位的下家，所以选择用两大怪管住，然后出单张 3，轮到一号位考虑，现在局势非常明朗，假如二号位的四张牌为两将加一个对子，或者三将加一个单张，那么五号位必死无疑，所以只能寄希望于二号位是两将加两个单张,如此方有可能救走五号位同伴。由于前面二号位 A 和 K 均已动过,所以一号位选择拆 A 顶牌(拆 K 也一样),防止下家过单张,听两将一单,非常明智。下家只能 pass,四号位上将牌也无意义,而且同伴也可能是一对将牌加一个对子,故让一号位放牌,一号位先放一对 7(前面介绍过的放牌技巧,先放较大的一手牌),二号位 pass。一号位此时已看到了胜利的曙光。四号位只能顶一对 A,一号位 pass,四号位传单张 9,一号位再顶 A,然后放一对 4,二号位考虑了一下再 pass,四号位顶一对 K,再传单张 9,一号位上将牌,放出最后一个小对子 33,二号位见四号位同伴只剩三张牌了,所以选择上两将,然后出单张 J,希望一号位上手后无牌可放,但事实上一号位单张上手后还有陪大怪一对 5 可放,而四号位最后的三张牌全是将牌,所以二号位还是无法逃脱,最终一、三、五号位方取得了胜利。有一定牌力的读者可能会说,二号位如果♣垃圾不跟,在对子上可以多一次阻击,五号位或许无法逃脱。确实,假如二号位的九张牌不动,这会给最终结局带来很大变数。这就要求一、三、五号位三家在配合上严丝合缝,不能出一点纰漏,方能全身而退。首先三号位在 3~7 拿牌权时,应该继续 J 俘虏,打听一对 10。对手 3~7 都不要,一定是有其难处,所以,此时不应该打对子听五张,否则一号位将设计放两家不同牌型(五路和二路)的同伴,不堪重负。当三号位打出 J 俘虏时,四号位即使管住也无济于事。于是,只能任由三号位走掉,一对 10 交班。在一般情况下,五号位此时都应该两将搏牌。但此处却是一大败招。四号位两大怪压制后,一对 9 和单张 3 可以分三次单张传牌,一号位即使在对子上可以放四次也不能放走同伴。因此,五号位在同伴一对 10 交班后必须 pass,逼着四号位借风。四号位借风后,无奈只能出宝贵的单张 3,五号位 pass。一号位此时如贪图小利过单张 5,那又等于抛弃了同伴。此时无论如何要顶 A，然后放一对 7，如果二号位顶一对 Q，则五号位可以上两将，四号位两大怪压制后传单张 9，一号位再顶 A 传一对 3，由于四号位对子顶牌后只有一张 9 可传牌，而一号位单张上手后还有一对 4 和陪大怪一对 5 可放两次，二号位仍然无法脱身。回到前面，当一号位放一对 7 时，假如二号位 pass，四号位顶一对 K，五号位此时必须忍住，假如轻率地上两将，那么四号位两大怪后再传单张 9，五号位还是被抓。有兴趣的读者不妨自行演绎一下。总之，在本例残局中，五号位的两将对于上家的对子顶牌必须忍让，唯有这样才能有效地消耗他有限的小单张传牌，最后借风而走。

"大怪路子"残局阶段，对于对手牌力强弱的判断有两个主要依据，一是看他进攻阶段是否有较多的大牌消耗，二是看他所留牌张的多少。一般来说牌张较少者，多半是弱牌（除非他是进攻阶段的主攻者，因没抢到头家而在残局阶段不愿意轻易走掉），需要同伴救援。像上面的二号位，留四张牌，必须要靠同伴放牌。假如同伴均已走掉，那他就没有机会逃脱。所以，一名有着丰富经验的牌手，在防守阶段通常都能对局面作出正确的判断，从而采取最佳防守策略，为己方争取最大的利益。

有关"大怪路子"的攻防技巧，我们大致就向大家介绍这些。总体说来，"大怪路子"攻易守难。在进攻阶段，对战双方的思想往往比较统一，行牌目的也相对明确，因此失误相对较少。而在防守阶段，由于各人的判断、理解能力不同，因此经常会有不少纰漏。有人玩了十几年甚至几十年"大怪路子"，但时常会犯同样的错误，究其原因，就是没有系统掌握相关要领。相信通过学习本书所有内容之后，对您的牌技水平提高有所帮助。

实战牌
例解说

第一局 2014年"九城置业杯"冠、亚军决赛，蓝队（一、三、五号位）对阵红队（二、四、六号位）的第十二局（图1-1）。

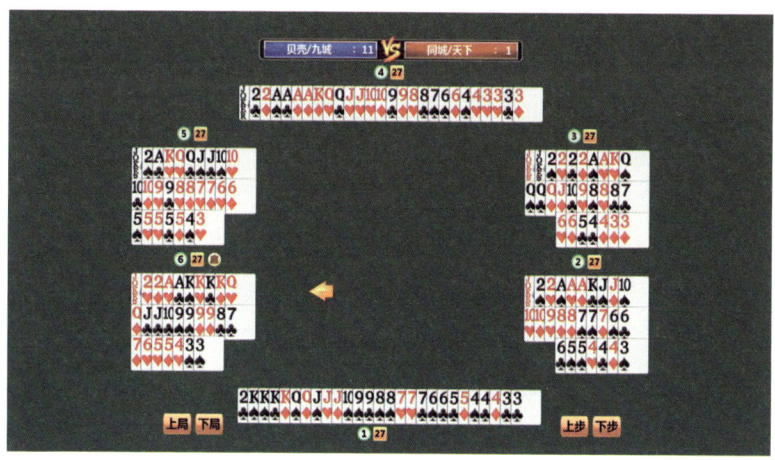

图1-1

双方在关键大牌数量上相差无几，蓝队一大怪两小怪六将牌，关键大牌大多数集中在三号位手中。红队两大怪一小怪六将牌，均匀分布。而红队在 A 的数量上有九张，占据较大优势。现在又轮到有一定进攻能力的六号位首攻，其争抢头家的可能性较大。反观蓝队，在五路实力上要强于对方，能够对对手形成较大的牵制，而握有一大一小四将、两 A、四 Q 的三号位也有冲击头家的能力。所以最终正负 1 分，应该是比较合理的结果。实战情况究竟如何，请看整个打牌过程：

六号位首攻♠3♥4♥5♥6♦7，一号位过♣4♣4♣4♣3♣3，二号位♠6♣6♣6♦7♦7，三家 pass，六号位♠9♦9♦9♦9♠3，一号位♠8~Q 花连，各家 pass。一号位出单张♠8，其余各家依次过♥9、♣10、♥J、♣A，六号位分将牌上手，继续♣JJ1087，一号位♥7♥7♣7♥5♣5，四家 pass，六号位♠K♥K♦K♣K♦5，五号位♥6~10 花连拿牌权，出♦6♦7♦8♣9♦10 垃圾，一号位 pass，二号位♠107553，三号位 ♦J6433，四号位♥3♥3♦3♣3♠6，四家 pass，三号位♠Q♠Q♦Q♣Q♣4，四号位 AAAAQ 拿牌权，出♥8，五号位 pass，六号位将牌，三号位小怪拿牌权，出♥8♣8，四号位♦2♣2，出♦6♣7♣8♦9♣10，五号位五张 5 拿牌权，出♠10♣10，六号位♥A♣A，三号位♦2♣2 后出♣5♥6♣7♠8♥9，四号位 910JQK，二号位♥4♣4♣4♣8♣8，一号位♠K♠K♣K♣9 拿牌权后出♦Q，下家♣K，三号位大怪再♠A♥A，二号位一对将牌再三 A，陪大怪 J 俘虏脱手。三号位借风后，再一对将牌，单张 K 交班。三家 pass，四号位小怪，一对 4 交班。五号位一对 J，六号位一对 Q，五号位陪小怪两 K，再一对 Q，然后单张 4，两家被抓。

前面说过，本局双方实力相当，只是六号位牌较整，最主要是握有先行之利，最终抢得头家还算说得过去（假如是三号位首攻，只要配牌、行牌正确，头家机会应在九成以上）。但实战结果却让牌力一般，而且没有五路的二号位抢得头家，最主要还导致一、五号位两家被抓，实在令人愕然。这也充分说明，蓝队在整个行牌过程中，一定出现了不少问题。下面我们就来详细分析，看看问题究竟出在哪里。

　　从六号位首攻开始，可以看出，其配牌基本功还是有的。把牌配成 3～7 垃圾、♣JJ1087（其中还保留着陪怪花连的可能）、Q 拖和 K 拖，以及大怪 22AAQQ，这是手数最少的配法，也是最具攻击性的配法。但在首功这一环节，我们认为 3～7 垃圾太过于平凡。在此时，向大家推荐攻击信号更为明确的首攻是一对 Q！假如这手牌的大怪换成小怪或 A，那首攻 3～7 杂顺没有任何疑问。现在因为是大怪，所以你的目标首先应该奔着大怪路子而去。也就是说，你要争取两将或两 A 获取一手牌权，然后发动五路攻击。假如首攻一对 Q 后，对方碰一对 K，你可以先上两 A，消耗敌方两将。假如对方直接两将发动五路进攻，如过不了♣垃圾则先以 9 拖和 K 拖阻击，必要时，也可以上陪大怪花连。假如你和同伴的五路阻击，仍然阻挡不了对方的攻势，那就说明你方牌力本来就不如对方。即使你首攻了杂顺，也并不能改变最后的结果。好在你的关键大牌并未消耗，对今后防守的影响也不会太大。实际情况是，一号位没两 A 或两 K，轮到三号位必然会上两 A 应对（直接上两将并非整牌进攻类型），轮到你两将上手，垃圾出笼。随后，争取过两把中高级别的拖，打听大怪 ♥A♣A♣J♣J♣10♣8♣7 这八张牌。由于你已动过两将，A 没动过，所以，同伴上手首先应该放送对子。假如你是大怪小怪 2 和一把♣垃圾，陪小怪两将可以直接大怪路子翻牌。退一步讲，假如你是小怪小怪 2 和♣JJ1087，你也可以陪小怪两将上手，再考虑出♣垃圾，小怪卧底，或者出单张 J，听陪小怪花连，这一切，视局况而定。如果上家上手出小单张，则你可过♣J，听两 A 及陪大怪花连。假如以后

再有机会过 ♥A，则又变成了听大怪路子。

　　总之，对方要阻止你抢头家，不仅难度大，而且也将付出高昂的代价。这也是我们为什么推荐首攻一对 Q 的理由。回归实战，六号位首攻 3~7 杂顺，一号位过 ♠4♦4♣4♣3♣3，这第一手牌就有很大的问题。也可以看出一号位牌手在配牌技巧方面尚有所欠缺。不错，一号位手持一手典型的活命牌，上来就过牌无可厚非。但问题在于上家首攻五路（我们前面介绍过，在多数场合，这都是进攻信号），你除了为活命而过牌之外，在五路上还是要设法挖掘一些潜力，来减轻同伴的压力，或者为同伴的进攻创造条件。本例一号位在五路上有 K 拖，还有一把 ♠8~Q 花连，但难道没有发现还有一把 ♣3~7 花连吗？最主要的是，在第一手牌上，一号位完全可以顺过 4~8 或 5~9 垃圾，这样，手上还剩下的三把五路分别为 K 拖、♣3~7 花连和 ♠8~Q 花连，另外七张散牌为 2QJJ744。由于在五路上实力大增，不管最后能否活命，至少可以在本方的进攻上，给予同伴有力的支持。我们假设他第一手牌过 5~9 杂顺，下家同样过 4 俘房（如过 ♠垃圾，则三号位可过 ♦垃圾。由于凭空过了一把小五路，三号位头家的机会便会增加不少），三家 pass，六号位 9 拖，一号位可以先上 ♣3~7 花连，此时四号位和六号位陪怪压制的可能性基本上没有。一号位便可以处理掉单张 3，如同前面的单张过牌，轮到六号位上将牌，就算让他拿牌权，♣垃圾出手，一号位可以用 K 拖阻击，假如四号位 A 拖，则再用 ♠8~Q 花连压制，听 2QJJ44，假如对方 pass，则一对 4 出笼，活命基本不成问题。而且此时对手很有可能认为一号位的四张牌是两将路子，先用两将阻击。实战四号位一定会用陪小怪五张管住，再放垃圾。此时四号位自身岌岌可危不说，关键在于六号位就算过了 K 拖，也并非大怪路子（六张牌为大怪 2AAQQ）。而接下来，三号位可以完全掌控局面。他可以用陪小怪 ♣4~8 花连压住拿牌权，然后反攻五路，♦J6433出手，再上Q拖，如果拿牌权，则再♥AK986，最后五将翻牌，单张A交班。假如二号位用陪大怪A拖压制三号位的Q拖，则正好被三号位的将拖带走，最后♥AK986交班。在以后的防守战中，由于五号位还有小怪和将牌，最主要是他在五路上还有五张5、花连、10拖，而六号位的六张牌已作用不大，所以，五号位或一号位走一家已没有难度。也即蓝队至少可以拿到1分。

　　从以上分析不难看出，一号位的4俘虏随手一过，对最终结果有多大影响。再回到实战，一号位4俘虏后，二号位♠6♣6♣6♠7♦7，三家pass，六号位上9拖，一号位♠8~Q花连。这手牌也值得商榷。由于他没怪，又是独将没A，首要目标是活命，将来分四K意义不大，所以上8~Q花连还是有越级跳空之嫌。假如先上K拖，四号位A拖，再8~Q花连，就算被四号位陪小怪五张3管住，但因成功地吸引了对方的火力，以后三号位的陪小怪花连便能管住六号位的K拖。手中还剩将拖、Q拖和两把垃圾，头家轻而易举。现在一号位先上花连，局面就有变化了。四号位的小怪以及四A、四张3都在手中，以后对三号位争头家形成了牵制。现在一号位花连拿牌出单张8，三家依次过9、10、J，五号位过A不妥，因为他基本上没有配陪怪♥9~K的可能，所以过K较好。六号位上将牌，可能是为防止下家上将牌。现在拿牌权还算马马虎虎。六号位继续出♣JJ1087，一号位此时过7俘虏仍想着活命，太过消极。此时仍应用K拖阻击，和四号位的A拖交换掉，为同伴以后在五路上拿牌权创造条件。现在过7俘虏后，其K拖在后来的头家争夺战中，几乎没有发挥作用。四家pass后，六号位的K拖碰巧顶住了他的K拖。四家pass，轮到五号位上♥6~10花连，拿牌权后再出6~10垃圾。这手牌也很有问题，也是导致他最终被抓的原因。此时绝对应该出3~7垃圾，理由再简单不过，假如下家是大怪路子，你是无能为力的，所以留着五张5没多大意义，必须争取以后自己保命。现在，除了3、4两个小单张之外，还多了若干个对子，即使同伴抢得头家，自己被抓已不可避免。现在对于6~10垃圾，两家pass，二号位过♠107553，三号位♦J6433，四号位 3 拖，五号位 pass（假如刚才出 3~7 垃圾，现在还能用 5 拖碰，假如上家拿牌权放单张，他还可以过掉 K。由于有三张 10 在，更关键是没有了小单张，活命应该不成问题），一号位的 K 拖此时还是没上，放给三号位上♠Q♠Q♦Q♣Q♣4，四号位♠A♠A♦A♣A♣Q。

此时局面如下（图1-2）：

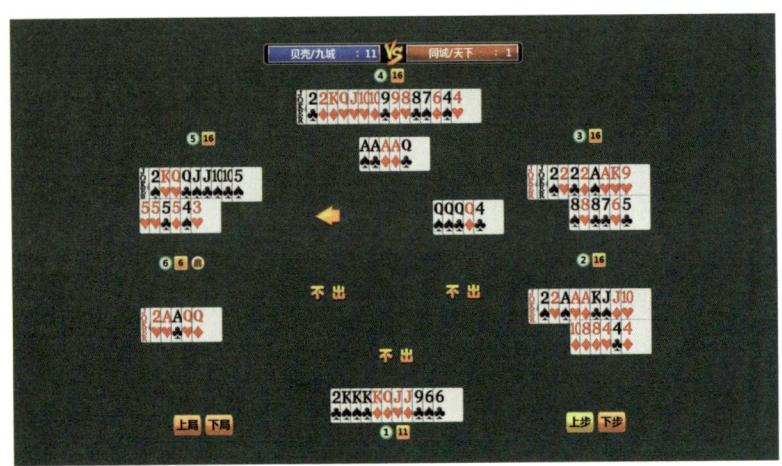

图1-2

三号位可能还没意识到，自己已有头家可能，随手把♣4搭走了（进攻中的配牌失误）。很明显，Q拖应搭掉♠8，四号位A拖，他便可陪小怪♣~8花连管住，如果四号位 pass，则头家已到，♥AK986出手，陪大怪五将翻牌，单张A交班。假如四号位陪小怪♥8~Q花连压住放单张，由于六号位是将牌路子，三号位可上大怪，再♥AK986，五号位可以5拖过桥，三号位将拖翻牌。由于三号位的配牌失误，现在陪怪花连没了（五号位上五张5也无牌可出），所以只能任由四号位放牌。四号位出♥8，五号位 pass，六号位将牌，听陪大怪A俘虏。三号位小怪拿牌权。看到明牌，如三号位出5~9垃圾，五号位用5拖过桥，三号位将拖奔牌，仍可以取得成功。但实战他选择了一对8，也不能算错。四号位两将，再6~8垃圾，五号位五张5拿牌权。此时五号位绝对应该出单张3，让一号位上将牌放对子，假如那样的话，就算最后对方抢得头家，一、五号位也定能全身而退。其中过程并不复杂，大家不妨自行演绎一下。实战五号位放一对10不好，下家K、J已动过，要放对子也应选择放一对Q（防止下家过一对Q，听三A或陪怪三A之类的）。而且从最终结果看，如果留一对10，最后还能放走一号位。现在六号位是一个大怪挑两个对子，上一对A必然，三号位一对将牌压住。三号位此时如能冷静地pass，寄希望于五号位同伴上两将（他没动过将，一号位又没两将），再放对子，那头家仍不会旁落。实战三号位上两将，也不能算大错。但随后这手5~9垃圾实在太失水准，下家铁板钉钉的死牌，正是由于过了9~K垃圾，看到了生的希望。实战假如二号位4俘虏不接，难道他准备大怪22AA搏牌？三号位由于两将压制六号位两A，头家可能已经不大了，所以此时必须想办法消耗对方的大牌，以便在防守战中全身而退。答案就是三号位空扔一对A，只此一手。先把二号位的两将逼下来，再考虑对策。假如二号位的两将不下，则三号位再5~9垃圾，听大怪22K，由于一号位还有一把K拖，尽管二号位有陪大怪A拖，但由于多对子，头家将仍属于三号位。假如二号位两将压住，放三张4，三号位pass，让六号位翻牌。而事实上五号位陪小怪三 Q 还可以阻击一次，二号位三 A，由于此时二号位只能陪大怪放三张 8，所以即便六号位做头家，二、四号位也必有一家被抓。回到前面，假如二号位两将上手后放单张 K，则三号位可以上大怪再 5~9 垃圾出笼，留 22K 三张牌，一号位上 K 拖，二号位由于两将已用掉，所以必须用陪大怪 A 拖管住。由于二号位大怪、两将、三 A 一下子全面消耗，所以最终同伴头家，自己被抓。

　　实战中，三号位 5~9 垃圾，四号位 9~K 垃圾，二号位的 4 俘虏救了三号位。一号位 K 拖拿牌权。一号位已经冷落了半天，好不容易上手，在见自己和五号位同伴都没希望的情况下，唯有寄希望于三号位同伴的六张牌是大怪路子（尽管这种可能性不大）。于是放单张 Q，下家过 K，三号位在外面还有四怪四将的局面下，居然直接上大怪（图 1-3）。这是一个非常严重的失误！由于蓝方唯一的大怪用掉了，导致最终本方两家被抓。很明显，只要三号位 pass，然后大怪瞄着下家的小怪，那最终也就是失掉 1 分。实战结果非常遗憾，蓝队负 5 分，这是最差的结果。

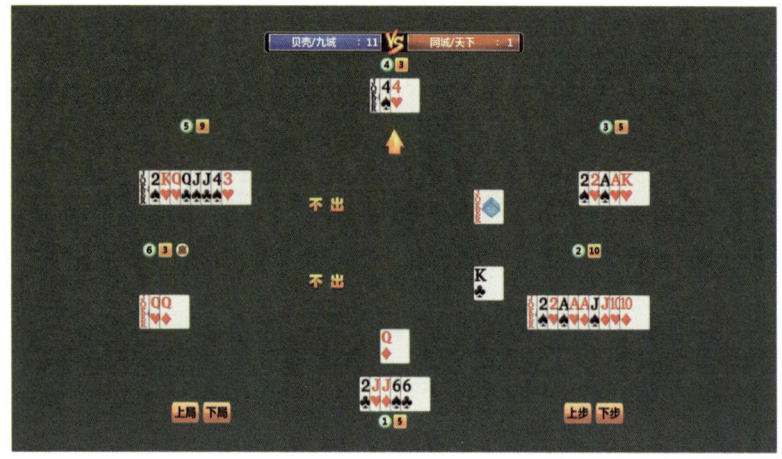

图 1-3

综观整个行牌过程，各位牌手在首攻、配牌、跟牌、合理使用大牌以及放牌等方面，都存在着不少问题。如果说，六号位首攻 3~7 垃圾是选择性问题的话，那一号位上来跟 4 俘虏绝对是个严重的失误。正是由于他的配牌及跟牌失误，导致了蓝队后来的被动局面。而三号位在配牌方面还是有较为明显的问题。当六号位听六张牌，自己又已经过了◆垃圾时，一定要设法自己去主导本方的进攻。由于对方并非听两将路子，所以，三号位的小怪应该用于加强五路实力。像本局三号位的陪小怪花连和♥垃圾还是显而易见的。关键只要在 Q 拖时搭上♠8，那么也就不会发生以后的各种失误。因此，在配牌方面，真是有很多东西值得钻研。最后，在残局阶段，眼见己方头家希望不大时，一定不可盲目拼抢。明知不可为而为之，实为下策。在进攻中，让对方消耗掉足够的大牌，再得头家，往往是最佳策略。正所谓，进攻之中勿忘防守。

第二局　2015 年"九城置业杯"上海市休闲棋牌协会春季赛会，蓝队（一、三、五号位）对阵红队（二、四、六号位）的第十二局（图 2-1）。

图 2-1

双方总体实力差不多。蓝队一大怪两小怪八将四 A，红队两大怪一小怪四将八 A。大小怪均匀分布于各家手中。争夺头家的关键在于牌型和整齐度。请看整个打牌过程：

六号位首攻。独小怪没将牌，牌也不整齐，属于典型的活命牌。首攻也就是出掉一手小牌而已。由于小对子偏多，故首攻一对 3（建议还是首攻一对 5，毕竟手中还有三张 6。如果那样的话，结果或许有所不同），下家过一对 4，二号位 pass，三号位一对 5，四号位 pass，五号位♠6♣6，六号位一对 8，一号位一对 10，二号位一对 J，三号位一对 Q，轮到二号位一对 A 拿牌权。二号位再出一对 3，三号位一对 9，四号位 pass，五号位一对 10，六号位♦A♣A，轮到三号位上两将拿牌权。三号位出单张 6，四号位过 7，五号位♠8，六号位 9，一号位 Q，二号位 K，三号位 A，四号位将牌，各家 pass。四号位出三张 6，四家 pass，三号位三张 K 拿牌权，然后出一对 8，四号位两 A，五号位♦2♣2 拿牌权。然后出♦7，六号位 Q，一号位将牌拿牌权。出单张 8，三号位 K，四号位将牌，三号位小怪，四号位大怪上手。出三张 8、三张 9、三张 Q，当四号位再出三张 K 打听六张时，一号位陪小怪三 A 管住并拿牌权。一号位出♠7♠7♠7♠9♣9，二号位♦7♣7♣7♣7♣10，三号位五张 10，六号位陪小怪五 J 拿牌权。出三张 6，轮到五号位三张 9 拿牌权。五号位一对 4，六号位一对 5，二号位一对将牌上手出单张 4，四号位 J，五号位 A 拿牌权，空扔五 J 听八张，二号位五 Q 再单张 4，打听大怪路子，五号位大怪再两将，♥K8765 交班。六号位 4 拖，四号位 5 拖走掉。一号位花连不让上家借风，然后再 3 拖，一对 K 交班，六号位一对 A 接过，再一对 10 给二号位同伴借风，三号位被抓。

本局蓝队抢得头家实属正常，但最终三号位被抓，却非常意外。三号位本是头家最有力的竞争者，结果头家变成末家，想必行牌过程出现了不少问题。下面我们就详细地回顾、解析一下整个打牌过程。

在六号位首攻一对 3 以后，一号位一对 4，三号位一对 5，应该说非常愉悦。尤其是三号位，本身就是多对子的牌型，而且三把五路最小 3 拖，其余两把是 K 拖和五张 10，五路结构非常理想，必要时还有陪小怪五 K 这一变化。头家希望非常之大。三号位一对 5 以后，五号位一对 6 不合适。首先，一对 6 没有阻击性，其次，两家同伴均顺过小对子，说明他们也非常需要过对子。最主要的还是一对 6 以后，整手牌散了，手数变得非常多。如一对 6 在，五号位可以把牌如此定型：♦4♥5♣6♣7♠8、♠4699J、♥6~10 花连、JJJJ10，净多一大怪四将和 AK 两个单张，属于攻守兼备的牌。如果某位同伴发动五路进攻，则可以短路上手，有两把（甚至三把）小五路可放。所以，一对 6 还是不过，保留变化为好。实战过♠6♣6，下家过一对 8，一号位过一对 10 不好。理由是自己基本上不具备进攻条件，而且同伴都在顺过对子。再说如果非要过对子的话，建议也是过♠9♣9为好，保留♥6~10 花连的变化，这样单张稍大，相对合理些。现在一号位过一对 10，二号位过♥J♥J 也有问题。对方三家都在顺过对子，六号位同伴首攻又是一对 3，估计也应该难有作为。所以，绝对应该顶一对 A，先消耗对手两将再说。如两 A 被管住，则再考虑以后过一♥J♥J，或者干脆不动。像本局三号位过不了一对 Q，则很可能 pass。而五号位由于牌散，也可能不上两将。所以两 A 有可能偷到牌权。这样情况不同了，两 A 拿牌权后，有两条进攻线路可供选择：① 一对 3，然后两将上手，♥KJJ44 出手，以后如过 7 拖，再五 Q，听大怪路子，头家难度不大。② ♠4♠5♦6♣7♣8，过 7 拖上五 Q，五

Q 拿牌权，则出对 3，打听大怪 22♥KJJ44，三将路子或两将以后的大怪路子，头家更稳。假如五 Q 不拿牌权（三号位可以陪小怪五 K 管住），则再等对方上两将上手，然后一对 3，听大怪路子，靠同伴放牌。实战过一对 J，下家一对 Q，二号位一对 A，拿牌权还算幸运。二号位再出一对 3，尽管少了一把♥垃圾，但多了一个单张，最主要是多了一对 4（还不如多一把♥垃圾），进攻能力大大削弱。而且三号位过了一对 Q 之后，又顺利地过了一对 9（对上家两 A 的忍让起到了效果）。现五号位一对 10，此时六号位拆四 A 过早。道理很简单，后面还有两家同伴呢，更何况两 A 过后，少了陪小怪五 A 这一五路杀手锏。现在两 A 白送，三号位两将管住，成如下局面（图 2-2）：

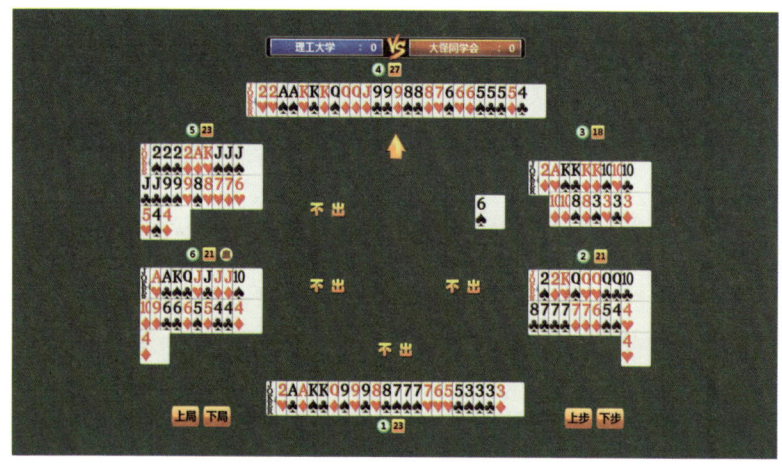

图 2-2

接下来，三号位犯了本局第一个原则性的错误，出单张 6！首先，下家上来对子不要，明显要过单张。其次，二、六号位均出了三个对子，各剩二十一张牌。假如某家将牌上手发动五路进攻，那三号位手上这十八张牌算什么牌型？从进攻的角度来讲，三号位已经出了四个对子，手中还多一对 8 和陪小怪两将，然后，就剩三把较强的五路。所以，很明显的进攻线路就是一对 8，如果下家此时顶一对 A，五号位多半会放过（因为前面三号位一对 Q 时，四号位两 A 没上，所以多半不是整牌），三号位如愿上陪小怪两将，然后 3 拖出手，听 K 拖和五张 10 两把较强的五路，头家唾手可得。万一对子上遭到对手两将阻击，则等过五路或单张。如对方两将阻击放单张，三号位可先上将牌，如对手用怪压住，则只有等五路或单张 A。如果单张将牌上手，则再扔出单张 A，静候五路到来。总之，这样行牌，不仅可以消耗对手大牌，而且头家机会甚大。现在单张 6 以后，到二号位还仅为单张 K，而此时三号位又犯了第二个原则性的错误，不抢上将牌，而是选择过 A，让四号位上将牌。实在令人费解。此时，对方四号位二十五张牌，二号位和六号位分别为二十张牌。幸好拿牌权的四号位牌不整，为光三和单张为主的牌型。现在，四号位出三张 6，四家 pass。三号位此时又没忍住，选择拆四 K 应对，实在不该。"大怪路子"中全三路是极为罕见的牌型，而且三路多者，单张也相对较多。现在四号位二十五张牌出三路，同伴不要，你一路放行，静观其变就是了。而三号位一手不让地上三 K（假如下家有现成的三 A，那就亏大了，现在三 K 拿牌权还算好）。三号位此时才想起了出一对 8，听小怪 2K1010101010、3333，准备陪小怪两将上手，出 3 拖打听五张 10。但四号位的两 A，却又不巧被五号位同伴的两将堵住（五号位见三号位同伴已动过两将，最主要还是担心四号位继续出三路）。五号位两将上手后，按理应该回送一对 4，因为三号位的牌张已经不多了。实战五号位可能觉得自己的头家希望更大，所以选择了出单张♦7，六号位过 Q，一号位独将拿牌权，但也没有选择放对子，最后错失了送三号位做头家的机会。现在一号位将牌上手后，出单张♣8，坐等二路和五路。二号位 pass，轮到三号位，再次犯了不肯上将牌的错误，而是选择过单张 K（图 2-3），企图再单张将牌回手，打听陪小怪五张 3 和五张 10。四号位的单张将牌正好上手，三号位担心四号位再出光三，所以用小怪压住，被四号位大怪反制，然后一路光三。尽管最后头家还是被蓝队的五号位夺得，但三号位头家变末家的结局已无法改变。假如此时三号位选择先上将牌，如拿牌权，则不管是出 3 拖，过五张 10，小怪卧底，还是出单张 K，听两把清五，头家的机会仍然非常之大。实战三号位完全是自食恶果。

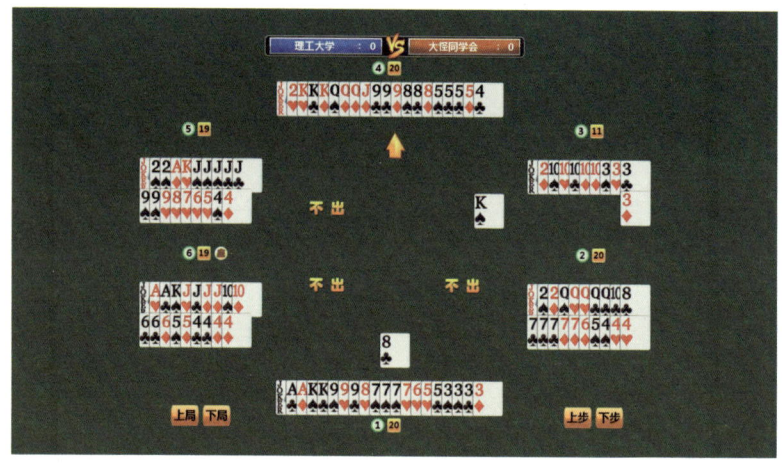

图 2-3

综观整个打牌过程，诸位牌手在配牌、跟牌、合理使用大牌、忍让以及进攻线路的设计等方面，均存在着许多问题。在三人之间的配合上也显得不够默契，颇有各自为战的味道。较为明显的几个点就是二号位上来在对子上过 ♥J♥J 而未先上两 A，五号位上来过小对子，在手数上亏损不少，六号位过早地分拆四 A，以及后来三号位十二张牌时，五号位和一号位上手均未送对子等等。而最为明显的问题，就是三号位在十九张牌时，没出一对 8，而是出单张 6。否则也就不会有后来五号位上两将放单张的故事。三号位不仅可以轻松抢得头家，还有可能让对手在五路上有所消耗，从而为蓝队最终抓人创造条件。而后来在三路应对上，三号位不合时宜地分四 K，也是重大败笔之一。最令人不可思议的是，三号位的最后一张将牌始终没有发挥作用，最后居然搭在 3 拖里被抓。

像此类头家变末家的故事，在许多普通牌手中并不少见。况且在局后他们往往找不到失败之根源所在。希望通过以上解析，能够帮助大家对各类问题增强认识，并尽量在以后的实战中不犯或少犯同样的错误。

第三局 2016 年第二届市民运动会，"中环集团杯"大怪路子比赛冠亚军决赛，蓝队（一、三、五号位）对阵红队（二、四、六号位）的第一局（图 3-1）。

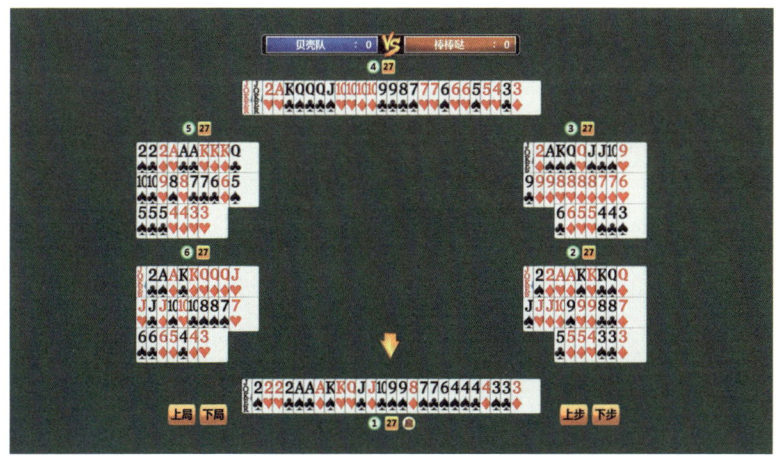

图 3-1

总体双方大牌实力相差不大，蓝队两小怪八将七 A，红队三大怪一小怪四将五 A。蓝队一号位拥有一小怪四将三 A，牌也较整，现在还轮到首攻，故头家有望。请看整个打牌过程：

一号位首攻单张♣7。首攻单张是正确的选择，但小地方还是要注意一下，此处首攻单张 9 更好一些，因为 9 肯定没变化，首攻单张稍稍提高级别，或许可以顶住下家。而且首攻 9 以后，万一上家上手，出一把 6~10 或 7~J 垃圾，一号位可以顺过 8~Q 垃圾，7 变成对子，可搭在三张 3 当中。现在首攻 7，就少了这一变化。一号位首攻单张 7 以后，二号位过♦10，完全不可取。二号位全俘虏的牌型，而且还有单张 7 和 4，基本上没有头家可能，而且这张♦10，关键时刻在五路上还能配一把陪大怪♦7~J 花连应急，另外也有♦垃圾的变化，所以，还是 pass 为好。现在单张 10 后，三号位过♣J，配一把♠10~A 花连没有问题。四号位 pass，稍嫌软弱。由于对方首攻单张，所以应该单张将牌先上，假如不拿牌权，则所有变化都在，而且消耗了对方一张怪；假如将牌能上手，则可以出♦3♥7♠5♠6♠7，把牌配成♣K9983、♥A7766、10 拖和大小怪 QQQJ。垃圾出笼后过 10 拖应该不成问题。万一 10 拖拿牌权（这种可能性很小），则头家希望大增，♣垃圾出笼，再过陪小怪 Q 拖，打听大怪和♥A7766。当然，像本局三号位一定会用花连管住，但三号位上手后，6 俘虏一定不会打，而出单时也不要（四号位十六张牌），而他手上有 4、5、7 三个小对子，所以多半会出 4 一对。四号位可以顺过一对 6，把牌调整为大小怪 AJQQQ77 和一把♣垃圾，虽然头家希望不大，但由于单张较大，又有大小怪在手，活命问题不大。关键是五路上消耗了对手一把花连，为同伴减轻了压力。实战四号位选择 pass，略显消极。五号位过♣Q 不妥，少了配两把垃圾这一减少手数的变化。六号位顶将牌，五家 pass。六号位改出一对 7，虽然其五路不强，但没有垃圾，好歹也是三个对子加四把五路的牌型，最主要的是，他手中有一张大怪。一号位在对子上顶一对 K（比顶一对 J 好），四家 pass，六号位一对 A，一号位两将上手，6~10 垃圾出笼，二号位过 3 俘虏。二号位真是太喜欢过牌了，以后他假如上手，同伴需要对子，不知他用什么放牌？而且 3 俘虏不过，下家也 pass 的话，四号位可顺过♣K9983，还有些许头家希望。实战二号位 3 俘虏后，三号位 pass，过于消极。三号位此时绝对应过 6 俘虏，以后五路上还有 8 拖、9 拖和花连以及陪小怪 7 俘虏，净多一张将牌。假如对手五路不强，或许还有头家可能。实战三号位选择 pass，头家希望就不大了。轮到四号位，由于过不了♣垃圾，也选择 pass，无可非议。现在五号位选择，很明显，六号位上来单张将牌上手改攻对子，应该具有一定的进攻能力。现在尽管是同伴攻的五路，但到他面前仅仅是 3 俘虏。作为五号位来讲，一定要提高五路级别，防止下家过牌。所以，应该顶 K 俘虏（对子可搭一对 6，保持♥垃圾的变化）。六号位由于过不了小俘虏，多半会 pass，此时一号位正好可以 4 拖接桥。此时假如一号位不接也问题不大，这把 K 俘虏轮到四号位要上 10 拖，关键是就算 10 拖拿牌权，也无牌可出，而且失去了陪小怪五张 10 的五路防守。如果 K 俘虏拿牌权，则可以出单张♠8，六号位无单可过，一号位净多两将也可以选择 pass，假如在单张上，让三号位将牌上手，则 6 俘虏出笼，五号位此时不用顶牌，让下家过 10 俘虏，一号位也可 pass，三号位 8 拖，六号位 J 拖，三号位♠10~A 花连。四号位由于同伴均未听牌，陪小怪五张 10 很难下手。三号位再陪小怪 7 俘虏出手听 9 拖，头家不成问题。六号位因手中多了一把小俘虏，头家已无可能。实战五号位选择放弃顶牌，让下家过了一把 6 俘虏，一号位 4

拖，轮到六号位上 J 拖，一号位 pass 是正确的选择（因为两将还在手上）。轮到三号位上花连，拿牌权后，出 6 俘房，四号位 pass，五号位此时用 K 俘房顶牌，时机虽然稍差，但为时不晚。六号位过不了俘房而 pass。

  此时局面如下（图 3-2）：轮到一号位选择，很明显，五号位刚刚没过 K 俘房，所以此时 K 俘房明显属于顶牌性质，所以，一号位无论如何也要用陪小怪 3 拖接桥，打听一对将牌和 A 俘房。假如一号位手中的小怪换成大怪，则 pass 完全可以理解，但现在是小怪，却依然选择不愿意听牌，令人费解。现在对于五号位的 K 俘房，五家 pass。由于六号位为十二张牌，上来单张将牌上手出对子，所以多半是还有一个中高级别的对子和两把五路的牌型，而一号位同伴也是十二张牌，但已用掉过两将，而且首攻是单张，所选择出单张 8，完全正确！一号位过 Q，两家 pass，四号位上将牌，一号位小怪，打听 22AAAJJ333 十张牌。轮到四号位用大怪管住，然后放一对 3，五号位过一对 4，此时六号位犯了一个错误。此时不管下家这十张是什么牌，六号位上两 K 应该是必然的选择。因为以后一对 8 多半是搭在 10 俘房或 Q 俘房当中，而且也听十张在一号位上家，不管最后能否抢头家，最后走掉应该不成问题。如果那样的话，也不会有一号位三 A 卧底做头家的故事。对于六号位的两 K，假如一号位直接上两将，然后抛 3 俘房留三 A，三号位虽然可以用 8 拖阻击，但六号位可以上陪大怪 10 拖，打听 Q 俘房，此时三号位又必须用陪小怪五张 9 管住，四号位可以用陪怪五张 10 上手，再放 6 俘房或 ♥ 垃圾，五号位虽然 A 俘房可以阻击住（此时不能先上 5 拖，否则如拿牌权，无三路可放），但二号位可以用陪大怪 J 拖或 9 拖上手再放 ♦ 垃圾，五号位此时只能上 5 拖阻击，但拿牌权后，由于已没三路可放，只能放一

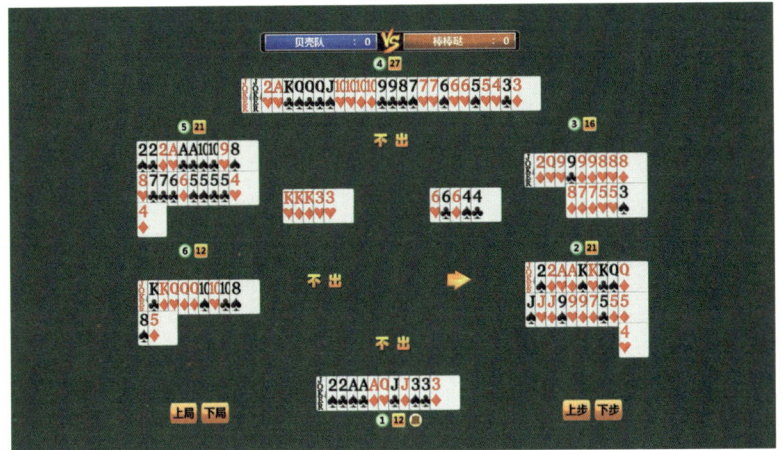

图 3－2

对 7，一号位上两 A，二号位上两将，再放 9 俘虏或 J 俘虏，按本局实际情况，五号位的将俘虏已做大，然后单张 9 把一号位放走。但由于所有大牌已完全消耗，所以最终被抓不可避免。而且这样的打法，万一四号位还有一把可以管住将俘虏的五路，那么，六号位做头家不说，三、五号位至少有一家被抓，所以风险很大。而对于六号位的两 K，假如一号位放过，轮到五号位上两 A 的话，那么一号位已基本上没头家可能。而实战中，六号位选择了过一对 8，一号位过一对 J，轮到六号位再一对 K，一号位两将上手，出三张 3，三 A 卧底，二号位虽然可以用陪大怪三 A 阻击住，但五号位有三将，最后用三张 5 把一号位放走。顺便说一下，当五号位三张 5 时，由于一号位明牌三张 A，所以六号位应该三张 10，听大怪 QQQ5，以后给同伴借风，实战顶三 Q 给下家三 A 带走没有必要。

一号位走头家以后，在最后的残局纠缠当中，由于双方（尤其是三、五号位）的大牌消耗不小，因此，三、五号位两家想要全身而退，确实不太可能。在形成如下残局时（图3-3），对于二号位的将牌，三号位错误地选择用小怪管住，然后出8拖打听9拖，由于六号位是陪怪10拖，最后给二号位同伴借风。而二号位最后可以设计成单张J交班，四号位正好过Q，尽管五号位手中还有两A，但四号位的小怪、A和10拖均已做大，所以三、五号位都无法逃脱。假如三号位的小怪不上，那么二号位多半会设计用K俘房交班（因为三号位十一张牌正好不报数），那样的话，三号位便能过8拖，然后借对方六号位的风，再小怪翻牌，最后获得1分。实战结果有些遗憾，一、三、五号位并未得分。

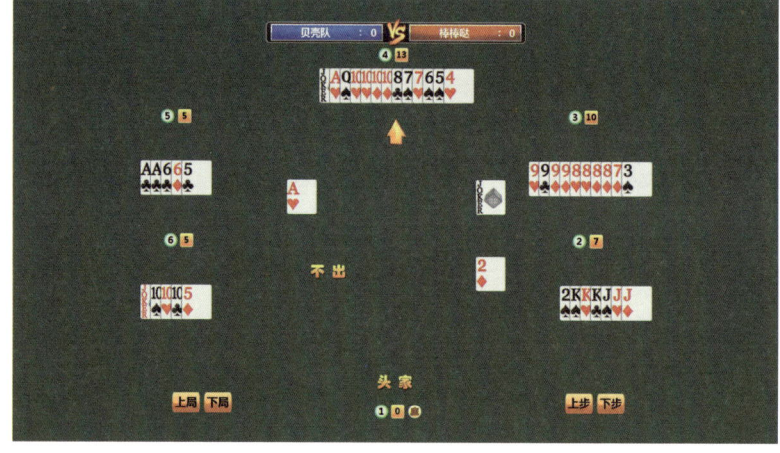

图3-3

综观全局，双方大牌相差无几，蓝队虽然只有两张小怪，但有八张将牌，而且五路实力要强于对方。最主要是一号位握有本方一半的关键大牌，牌型也不散乱，而且还有先行之利。上家（六号位）五路实力也非常一般，所以抢得头家应在情理之中。实战过程跌宕起伏，最终结果竟是一号位三 A 卧底，靠五号位三将的支持抢得头家，令人唏嘘。

综合各家之表现，还是问题多多。首先是二号位在是否该过牌这一环节，显得不够成熟。假如对于一号位首攻的单张，尤其是后来的垃圾都不过牌的话，四号位同伴是有些许头家的可能。因为二号位上来连上家的 6~10 垃圾都 pass 的话，向同伴非常明确地表示了态度：我是没有进攻能力的。那样四号位和六号位就会担当起进攻的责任。这也是我们前面说过的进攻阶段的跟牌技巧。而在进攻阶段的后期，二号位又显得优柔寡断，比较"珍惜"自己的大牌。"大怪路子"处于对方主攻者的下家，一般都不应太过于珍惜自己的大牌。像对于一号位听十张时，二号位应毫不犹豫地用大怪管住，然后放对子。假如五号位顶两 A 放小五路，六号位过 10 俘虏，一号位即便硬着头皮过 A 俘虏，但由于四号位大小怪在手，一旦一号位两将奔牌，那一号位只有做末家的份。三号位从其行牌风格来看，显得相对保守。像本局中 6 俘虏不过，是较大的问题手。由于他短路较弱，五路较强，牌还算整齐，所以应该积极参与进攻。如果他和一号位遥相呼应，抢得头家并非难事。四号位上来单张将牌没上也有些消极。将牌上手抢攻五路比较主动，虽然自己头家希望并不大，但毕竟会给对手造成压力，而且自己还有 10 拖和陪小怪 Q 拖，只要拿到一手牌权，便可听出牌型。假如都不拿牌权，那在五路上也消耗了对手的实力，可为同伴以后在五路上减轻压力。由于三大怪均在红队手中，所以一旦听牌，就基本上头家到手。五号位作为对方主攻者的上家，在顶牌这一环节，似乎时机拿捏不准。像本局，如及时顶牌，再精准传牌，六号位是一点机会都没有的。而且也不会导致最后三将一起用掉的局面。另外在配牌环节，似乎也稍有不足。上来同伴首攻单张，五号位过♣Q没有必要，一来如果下家单张不要，五号位的Q可能会顶住同伴，另外，如果♣Q在，五号位的手数会减少许多。最后再看看一号位，当其两将上手发动攻势后，有点中途半端。特别是在过了4拖以后，上家J拖被三号位花连拿住，再放6俘虏，同伴K俘虏顶牌时，陪小怪3拖都不愿接桥，否则打听22AAAJJ，就算两将被四号位两怪管住，头家也十拿九稳。总之，诸位牌手在跟牌、顶牌、配牌以及进攻线路设计等方面，仍有不少需要提高之处。

第四局 2016年第二届市民运动会"中环集团杯"大怪路子比赛冠亚军决赛，蓝队（一、三、五号位）对阵红队（二、四、六号位）的第五局（图4-1）。

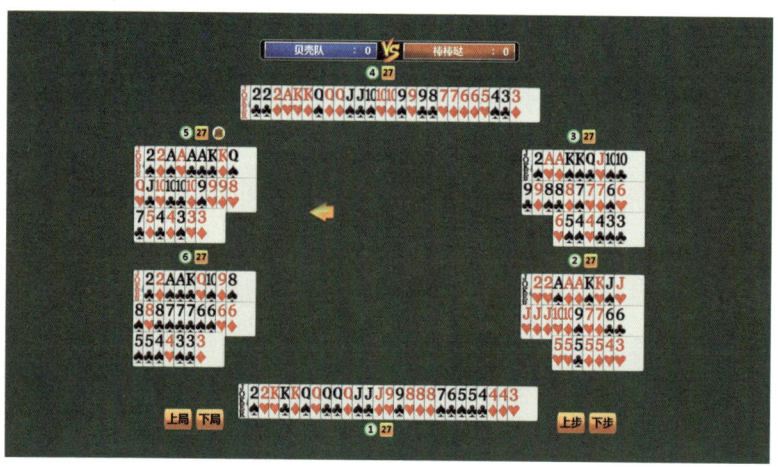

图4-1

双方总体实力差不多。大牌方面，蓝队一大怪二小怪五将六A稍弱。但五号位有先行之利，况且牌也较整，在短路上有一大怪两将牌，五路上有 10 拖和 A 拖，所以有一定的进攻能力。另外，非常关键的一点是，一号位牌型非常整齐，而且从明牌角度来看，他有两手定位牌：两将和五 Q，所以也有很强的进攻能力。不出意外，五号位或一号位可抢得头家，三号位被抓。也即蓝队可得 1 分。实战结果究竟如何，请看以下分解。

五号位首攻单张 5，六号位过 9，一号位由于净多两将而选择 pass，正确。二号位过 ◆10，把牌配成一把 ♥ 将牌垃圾，以及陪怪 K 俘虏、A 俘虏、J 拖和五张 5，净多一张将牌。三号位过 J，两家 pass，六号位过 Q，一号位 pass，二号位上将牌拿牌权，出 ♥J10432，三号位过 44433，四号位 pass，五号位过 99944，六号位 pass，一号位 JJJ44，二号位 AAA66，两家 pass，五号位 10 拖，二号位 J 拖，五号位 A 拖，二号位五张 5，一号位五 Q 拿牌权，出单张 5，三号位将牌，六号位大怪，♠6♥6◆6♦3♣3，一号位 KKK99，六号位 ♠8♠8♥8♣8♥4，五家 pass，六号位再 ♣AK775，一号位最后一发子弹小怪 8887，六号位 ♠3~7 花连，然后单张 10，一号位 pass，三号位 Q，四号位 A 拿牌权，四号位出单张 6，五号位 J 过掉，六号位 A，三家 pass，四号位上将牌，然后放一对 3，五号位一对将牌，再三张 3，听大怪 KKQQ，四号位碰三张 10，五号位陪大怪三 K，四号位陪大怪三将，然后放 4~8 垃圾，二号位陪怪 K 俘虏走头家。三号位借风放一对 6，四号位两 Q 顶住下家，六号位 pass，三号位两 K，六号位一对将牌走掉。一号位借风后出单张 3，三号位 pass，四号位过 7，两家 pass，三号位 10，四号位 Q，一号位将牌，再出单张 4，三号位单张 10 拿牌权，放一对 8，四号位一对 J，五号位一对 Q 走掉，四号位两 K 接过，不给一号位借风，三号位一对 A。由于一号位手中除一张将牌之外，还有 5、6 两单，而四号位手中还有三张 9，一号位最终被抓。

红队得3分。

　　本局最终红队争得头家，作为蓝队来讲，三号位应负全部责任。而最后丢失3分，则完全是由于一号位的失误所致。下面我们就来详细分析一下，看看究竟问题出在哪里。

　　首先看进攻阶段，当五号位首攻单张5时，六号位过9，二号位过♦10，从这手过牌可以看出，二号位的配牌功力还稍欠火候，很明显，他将五路配小了。由于五号位首攻的是单张，二号位将整手牌配成一把将牌垃圾、两把高级别俘虏、一把拖和一把清五，在过♦10以后，单张将能回手还是问题，或者说，单张将牌即使能回手，能否拿牌权也是个未知数。所以，合理的配牌应该是AAA66、55559、陪怪♥2～6花连以及五J。此时抢先上将牌是正着，如将牌拿牌权，则马上打出牌型——对子，如果将牌不拿牌权，则头家希望小了很多，但另一张将牌仍可以活出，根据以后需要再配成♥垃圾或陪小怪3～7花连。尽管如此配法仍旧不一定能抢得头家，但对手的消耗以及对同伴的支援必然很大。实战二号位过♦10，配牌就基本定型。此时轮到三号位过J，这手牌很有问题。或许三号位认为自己是活命牌，能顺过单张J总是好的。但关键在于，过了这张J，对自己的前途几乎没有什么改观，反而少了♥垃圾的变化。而且事实上，他的J恰好顶住了五号位同伴的单张J。假如他pass，让同伴过J，那同伴的头家机会就会增加不少（牌较整的一方过一手闲牌，其价值很大）。实战五号位单张J被三号位顶住，只能pass，六号位过Q，没问题。一号位见同伴过J，也pass，二号位上将牌。此时，三号位却无动于衷地pass。难道他不知道二号位和六号位都是二十五张牌吗？更何况，二号位的将牌是打在同伴的Q上，抢牌权的意图相当明显。而三号位的牌，既散又弱，其唯一的小怪，除了管住对手的将牌之外，充其量可以配一把♣8~Q花连（那样牌更散乱），其他还真看不出有什么特别的作用。所以，此时不上小怪，更待何时？如果说，首轮三号位过J尚可原谅的话，那小怪不上，则绝对是不可饶恕的错误。我们前面讲过，假如首轮单张，某家将牌打在自己同伴的点子牌上（如A、K、Q等），则另一方三家中只要有小怪，一般都要予以压制，除非拥有小怪的那一家，牌整五路强，或者这张小怪要用于五K五A等最后翻牌之用，在大多数场合下，用小怪压制都是正确的选择。我们可以设想一下，假如首轮三号位pass，四号位多半也不会顶牌，五号位过J，六号位Q，一号位pass，二号位上将牌，三号位小怪拿住。此时可选择出♥4♣4（由于五号位已走了两个单张，而一号位单张也没过牌，所以出对子比单张好），此后，五号位过两Q为大概率，假如六号位上两A，则一号位顺势两将带走，然后3~7垃圾出笼，尽管二号位非常愉悦地过了♥J10432垃圾，但接着情况完全不同了。由于一号位和二号位同为四把五路，但一号位置有利（处于上家），所以三、五号位在小五路上可以一路放行（五号位如能过9俘房，则可以同时参与进攻，增加头家的保险系数）。四、六号位为阻击一号位，必须在五路上付出较大代价。比如说，四号位先顶Q俘房，则一号位顺过K俘房，二号位A俘房，一号位陪小怪8拖，二号位J拖。由于一号位的五Q已经定位，所以可不费同伴一枪一弹，轻松抢到头家。也就是说，四、六号位想要阻止一号位抢头家，必须在五路上不让一号位过掉任何一把俘房。但那样的话，下家的两把俘房也被堵在手中，而且二号位已经没有将牌，也没大怪，所以要抢头家，几乎没有可能。假如二号位过♥垃圾后，六号位直接8拖阻击，那一号位可以暂时忍让，造成自己两将上手、垃圾出笼，但五路并非很强的假象，同时期待同伴短路上手，再放五路。假如六号位8拖后，二号位 J 拖接桥，则三号位可以用♠3～7 花连压制，二号位尽管可以上五张 5，打听 A 俘房和陪小怪 K 俘房（比一号位少两手牌），但此时一号位可以上五 Q，再 8 俘房，二号位 A 俘房，一号位陪小怪 J 拖，打听 KKK99，尽管六号位可用♠3～7 花连管住，但五号位还有一大怪两将四 A 和四张 10，以及两把小俘房在手，此时可以 pass，以静制动。假如六号位花连上手后出一对 3，一号位不动，二号位过一对 7，听陪小怪三 K，此时四号位必须抢先上两将，否则五号位两将，再 3 俘房，六号位虽然还可以用陪大怪 6 拖阻击一次，但无奈五号位五路实力很强，最终依然无法阻止一号位抢得头家。假如四号位先上两将，再放三张 9，五号位先以三 A 阻击，六号位极有可能上陪大怪三将再三张 6，这样一号位可以三 K 翻牌，一对 9 交班，如此行牌，六号位还很可能最后被抓。而假如六号位陪大怪三将不上，则五号位 3 俘房，六号位陪大怪 6 拖，五号位陪大怪五张 10 一锤定音，9 俘房放走一号位同伴。

  由此可见，三号位的小怪管住二号位的将牌，是具有决定意义的一手。实战由于三号位的严重失误，导致二号位♥垃圾出笼，一、三、五号位方变得非常被动。而当二号位垃圾时，三号位居然还过 44433，放弃手中唯一一把现成的♠花连，使得胜负天平更加向对方倾斜。随后，五号位的 10 拖、A 拖被二号位的 J 拖和五张 5 顺势带走，损失惨重。当二号位五张 5，一口气打听陪小怪 K 俘房时，一号位用五 Q 压制还是非常草率，三号位已经明显没有五路实力，五号位的 10 拖、A 拖也已被带走，关键是四号位二十七张牌一张未动，六号位也仅过了两个单张，还有二十五张牌，五号位同伴的十一张牌牌型不明，二号位又是将牌垃圾出手，所以，仅凭一己之力，要阻止下家走掉，这是几乎不可能完成的任务。一号位的五 Q，必须留作防守之用，避免造成更大的损失。

实战或许是一号位认定下家是一把小俘虏之类的五路，自己还可以阻击两次，所以用五Q压制，形成如下局面（图4-2）：当一号位五Q上手后，出单张5，这手牌也是后来导致一号位被抓的原因之一。既然一号位想留住下家，再配3~7垃圾，略显不合理。所以此时还是出单张3为好。以后如果五路能拿一手牌权，则再出掉一个小单张，听2299和一单的假五路。假如五路都不拿牌权，则最后靠两将以及同伴的帮助，争取活命。实战出单张5，后来还要阻击下家，完全把牌打僵，最后落得打听654322的尴尬境地。而到最终，三号位的小怪几乎没有派上用场，实在令人大跌眼镜。

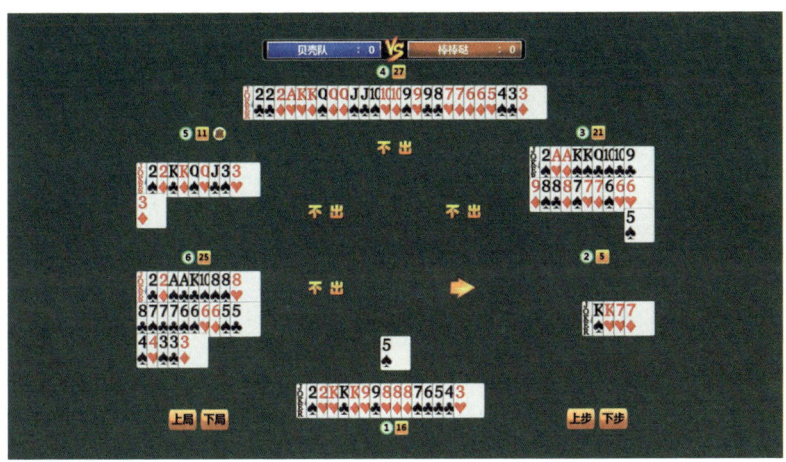

图4-2

在最后防守阶段，一号位好不容易借到六号位风时，居然出单张3（图4-3）。这实属自杀性行为。前面为抢头家，四号位用的是陪大怪三将压制五号位的陪大怪三K。很显然，外面唯一的一张小怪就在三号位同伴手上。假如一号位记牌的话，外面已经没有将牌了，如果还能记住 A 的话，那么前面四号位曾在单张上动过一 A，而唯有三号位同伴没动过 A。最主要是四号位还有九张牌（至少三手牌，如果四号位是十张牌，分拆垃圾还情有可原），所以，一号位只要简单地抛出 2~6 杂顺，然后单张将牌给三号位同伴借风就是了。实战他出单张了，听 22 和 654 三个单张，很明显，两张将牌不可能带走三个小单张（除非他能再借到五号位同伴的风），很遗憾，最后五号位两 Q 交班，被四号位两 K 接过，由于此时四号位手中最小牌为 9，而一号位手中还听单张将牌和 6、5 两个小单张，最后被抓不可避免。

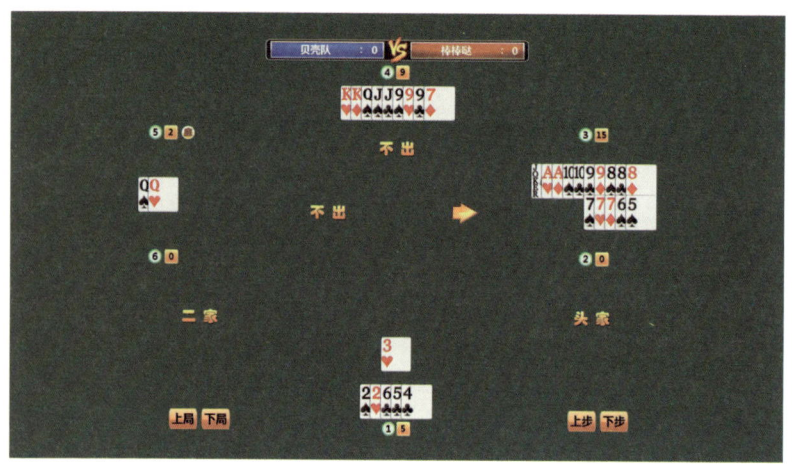

图 4-3

综观全局，在进攻阶段，三号位问题多多，主要表现在配牌、过牌以及合理使用大牌等方面。而在防守阶段，一号位的被抓，更是令人啼笑皆非。可以说，本局是蓝队的完败之局。

图书在版编目(CIP)数据

大怪路子实战技巧/李文雍,单霞丽,吴刚著.—上海:
上海文化出版社,2019.12
ISBN 978-7-5535-1844-2

Ⅰ.①大… Ⅱ.①李…②单…③吴… Ⅲ.①扑克-牌类游戏-基本知识 Ⅳ.①G892.1

中国版本图书馆 CIP 数据核字(2019)第 278484 号

出 版 人：姜逸青
责任编辑：黄慧鸣
封面设计：王 伟
版式设计：华 婵

大怪路子实战技巧

作　　者：李文雍　单霞丽　吴刚
出　　版：上海世纪出版集团　上海文化出版社
地　　址：上海市绍兴路 7 号　200020
发　　行：上海文艺出版社发行中心
　　　　　上海市绍兴路 50 号　200020　www.ewen.co
印　　刷：苏州市越洋印刷有限公司
开　　本：890×1240　1/32
印　　张：4.875
印　　次：2019 年 12 月第一版　2019 年 12 月第一次印刷
书　　号：ISBN 978-7-5535-1844-2/G.287
定　　价：30.00 元
告 读 者：如发现本书有质量问题请与印刷厂质量科联系
　　　　　(T：0512-68180628)